TEXT+KRITIK

Heft 243
OSKAR PANIZZA
Juli 2024

Hg. von Joela Jacobs und Nike Thurn

INHALT

Oskar Panizza

Für »Petroleumdichter«   3

Joela Jacobs

Oskar Panizzas Manuskript »Für ›Petroleumdichter‹«   5

Gal Hertz

Pathologie des modernen Selbst. Oskar Panizzas »Das Liebeskonzil«
und »Psichopatia criminalis«   10

Manuel Förderer / Birgit Ziener

Pix, Pax und die Macht des Unsichtbaren. Oskar Panizza
im Kontext von Moderne, Okkultismus und Spiritismus   18

Elena Meilicke

Fotografie und ›Pseudizität‹. Paranoia als Medienwissen
in Oskar Panizzas »Imperjalja«   26

Dietmar Schmidt

Ende der Vorstellung. Oskar Panizzas »Das Wachsfigurenkabinet«
und die Erfindung des Kinos   37

Bastian Lasse

Sexualität im Werk Oskar Panizzas   46

Joela Jacobs / Nike Thurn

»Ein antisemitisches Kunstwerk«? Zur Rezeption
von Oskar Panizzas »Der operirte Jud'«   54

Thomas Röske

Oskar Panizza zeichnet in der Anstalt   62

Tamara Klarić

Biografie   77

Joela Jacobs / Tamara Klarić / Nike Thurn

Auswahlbibliografie   84

Notizen   92

Oskar Panizza

Für »Petroleumdichter«[1]

[V]on Hern <u>Rockefeller</u> in <u>Alleghany</u> (<u>Pennsylvania</u>)
[erhiel]ten wir das folgende Biljet, welches wir der Einfachheit
[halber] für die Brüder <u>Apoll's</u> jenseits des Rheins gleich
[ins] Deutsche übersezen
     »Lieber Herr!
[Ic]h bin einigermasen erstaunt, daß Sie mir in Ihrer Zeit-
[schrift d]en verstekten Vorwurf machen {wir haben keinen Vor-
[wurf] gemacht!}, ich unterstüzte in keiner Weise Ihre poetischen
[Autoren?] in Deutschland, obwol deren Verse in nicht zu übersehender
[Weise na]ch der Lampe röchen. Daran knüpfen Sie in hämischer
[Weise die] Bemerkung, ich hätte der <u>university</u> in <u>Chicago</u>
[Miljon/Miljard?]en Dollars geschenkt. Erlauben Sie zunächst die
[gege?]bene Bemerkung, daß meine Schenkung an die <u>univer-</u>
[<u>sity</u> in? <u>Ch</u>]<u>icago</u> – es sind nur etwa 11 ½ Miljonen – doch der
[hiesig]en Wißenschaft dient und der Gröse Amerika's,
[während?] die Arbeiten Ihrer Hern Kolegen mich ~~doch höchstens~~ nur
[unwesentlic?]h[2] berühren. Zudem lernen wir Ihre künstlerischen Pro-/Aro-
[b/m]en[3] seit dem Herüberkommen der Tiroler Truppen
<u>Rainer</u> in genügender Weise kennen. Ist ~~übrigens~~ aber
[der Pe]troleum-Verbrauch Ihrer Dichter in Europa wirklich
[b]edeutender, daß er die Ausfuhr merklich beinflust, so
[bin ich] nicht abgeneigt, für besonders intensive Werke Prämjen
[zu za]hlen. Und ich sehe, lieber Herr, wenn es Ihnen gelingt,
[ein ve]rtrauungswürdiges Komitee mit intensiven Namen zusammen
[zu] bringen, <u>welches darüber entscheidet</u>, welche von Ihren
[Ko]legen bei einem Mindest-Verbrauch von 100 Gallonen
(~~[...] Liter~~) im Jahr bei ihrer nächtlichen Arbeit einen Auf-
[tra]g von meiner Seite verdienen, gern Ihren diesbezüglichen Vorschlägen
[entgege?]n. In jedem Falle warne ich vor Rußischem[4] Petroleum,
[da es] schlechte Gedanken erzeugt und der Sele jene ranzigen
[Gerüche/Aromen?] mitteilt, welche die <u>Atener</u> im Auge hatten, als sie
[Diog]enes vorwarfen, daß seine Reden nach der Lampe
[röchen.]

Ihr aufrichtiger
[Alleghan]y, Pa.
[F]ebruar 1904   John D. Rockefeller

[Haben] uns in Folge deßen mit der Bitte um Übernahme
[des R]ichter-Amts an die Hern M. G. Conrad (München),
[O./Otto E./Erich] Hartleben (Berlin), Freiherr von Khaynach (Rom),
Frhr. v. Liliencron (Altona), Richard Schaukal
[Mähri]sch-Weißkirchen, Östreich), Hanns Frhr. v. Gumppenberg
[Münc]hen), gewant, und hoffen, bei dieser Gelegenheit um so
[meh]r nun Abbitte zu tun, als die Gebetenen durch Über-
[nahme] dieses ~~des~~ Preis-Richter-Amts vor der drohenden Rockefeller-
[Plage?] eo ipso ~~ausgesthoßen sind.~~ bewahrt bleiben. Wir werden ehestens
[den] Lesern weitere Mitteilungen machen.

1 Transkript von Oskar Panizza: »Für ›Petroleumdichter‹ [1904]«, Literaturarchiv Monacensia München, Manuskript L1227. Transkription und Kommentare im Folgenden von Joela Jacobs. Im Manuskript fehlen Buchstaben an den Rändern, für die in eckigen Klammern Vorschläge basierend auf Kontext, Abstand und Panizzas typischer Ausdrucksweise gemacht wurden. Fragezeichen kennzeichnen Vorschläge, bei denen kaum oder keine Informationen vorliegen und andere Möglichkeiten denkbar sind; Schrägstriche bezeichnen zwei Möglichkeiten ähnlichen Inhalts. Unterstreichungen u. ä. Formatierungen des Originals wurden nach Möglichkeit im Schriftbild wiedergegeben. Der Brief zeigt Panizzas »fonetisches Schreibsistem««, vgl. Rolf Düsterberg, »Die gedrukte Freiheit‹. Oskar Panizza und die Zürcher Diskußjonen«, Frankfurt/M. 1988, S. 167–172. — 2 Es lässt sich an dieser Stelle nur ein -h erahnen, weshalb viele Möglichkeiten bestehen, z. B. ein Synonym für ›periphär‹. Während Worte wie ›nebensächlich‹, ›unerheblich‹ oder ›unwesentlich‹ vermutlich zu lang sind, ergibt sich aus kürzeren Begriffen wie ›unmerklich‹, ›spärlich‹ oder ›ungleich‹ keine eindeutige Wahl. Vielleicht ist es inhaltlich auch ganz anders gedacht und es geht um eine bestimmte Qualität, wie z. B. ›geruchlich‹, im Sinne der zentralen Metapher des Briefs. — 3 Inhaltlich ergibt sich grundsätzlich der gleiche Sinn. Ich danke Sabine Lenthe für ihre Transkriptionsdienste, die mein Verständnis einiger Passagen verbessert haben. — 4 »Rußisch« ruft in Panizzas Schreibweise sowohl ›Ruß‹ als auch ›russisch‹ auf.

Joela Jacobs

Oskar Panizzas Manuskript »Für ›Petroleumdichter‹«

In Panizzas Nachlass im Archiv der Monacensia im Hildebrandhaus München findet sich ein angerissener (und daher nicht vollständig lesbarer) Brief aus dem Jahr 1904, der mit »Lieber Herr!« beginnt und mit »John D. Rockefeller« unterzeichnet ist.[1] Er ist mit einer Notiz überschrieben, in der sich Panizza als Übersetzer des Briefs ausgibt und die impliziten Adressaten des Briefs als »die Brüder Apoll's jenseits des Rheins« benennt, die unter dem Brief wiederum als ›M. G. Conrad, O. E. Hartleben, Freiherr von Khaynach, Frhr. v. Liliencron, Richard Schaukal, Hanns Frhr. v. Gumppenberg‹ identifiziert werden.[2] Andere zeitgenössische Kollegen des Schriftstellers Panizza werden in der Überschrift des Blatts aufgerufen, denn dort heißt es »Für ›Petroleumdichter‹«, ein Neologismus, der sich nur durch einen Buchstaben von Petroleumlichter unterscheidet. Schon der Verweis auf Apollo, Gott des Lichts und der Künste, kündigt die Verknüpfung von Petroleumlampen und Poesie an, die dieser fiktive Brief enthält. Er ist eine Satire über Kunst und Geld, verfasst von Panizza selbst.

Im Brief antwortet der wohltätige Rockefeller auf den »verstekten Vorwurf« einer Zeitschrift, er unterstütze keine deutschen Dichter, »obwol deren Verse in nicht zu übersehend[er Weise na]ch der Lampe röchen«.[3] Der mittlerweile veraltete Ausdruck bezieht sich auf die Bemühungen der literarischen Produktion, also das Schreiben bis spät in die Nacht beim Licht einer Petroleumlampe. Er impliziert jedoch auch, dass das ›nach der Lampe riechende‹ Kunstwerk durch die mühsamen Bedingungen seiner Herstellung verdorben wird. Der Satz kritisiert daher die Qualität bestimmter zeitgenössischer Kunst und suggeriert, dass Rockefeller mittelmäßige Schriftsteller:innen finanziert, die im Gegenzug sein Erdölgeschäft durch ihre langen Arbeitszeiten unterstützen. Der fiktive Rockefeller in Panizzas Brief wird dem Vorwurf der profitablen Philanthropie gerecht, da er signalisiert, dass er zur Unterstützung bereit sei, sobald der »[Pe]troleum-Verbrauch Ihrer Dichter in Europa […] die Ausfuhr merklich beinflust«.

Darüber hinaus beteuert Rockefeller seine Vertrautheit mit der deutschen Kunst (und ihrem Geruch): »Zudem lernen wir Ihre künstlerischen Pro-/ Aro-[b/m]en seit dem Herüberkommen der Tiroler Truppen Rainer in genügender Weise kennen.« Nach dem Vorbild der erfolgreichen Tiroler Familie Rainer reisten im 19. Jahrhundert Gruppen sogenannter Natur- oder Nationalsänger:innen durch weite Teile der Welt, um einfache deutsch-

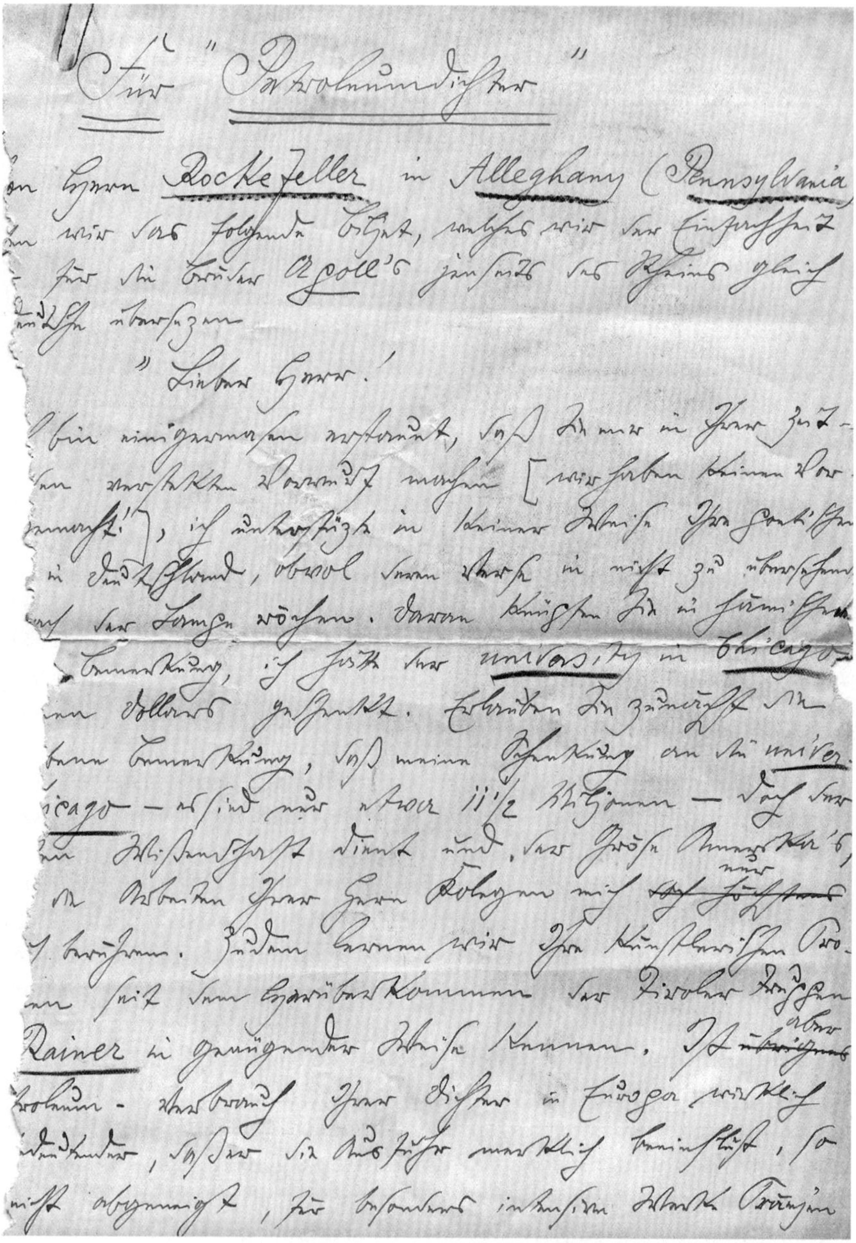

Abb. 1: Oskar Panizza: »Für ›Petroleumdichter‹ [1904]«, Münchner Stadtbibliothek/
Monacensia, Manuskript L1227, Blatt 1.

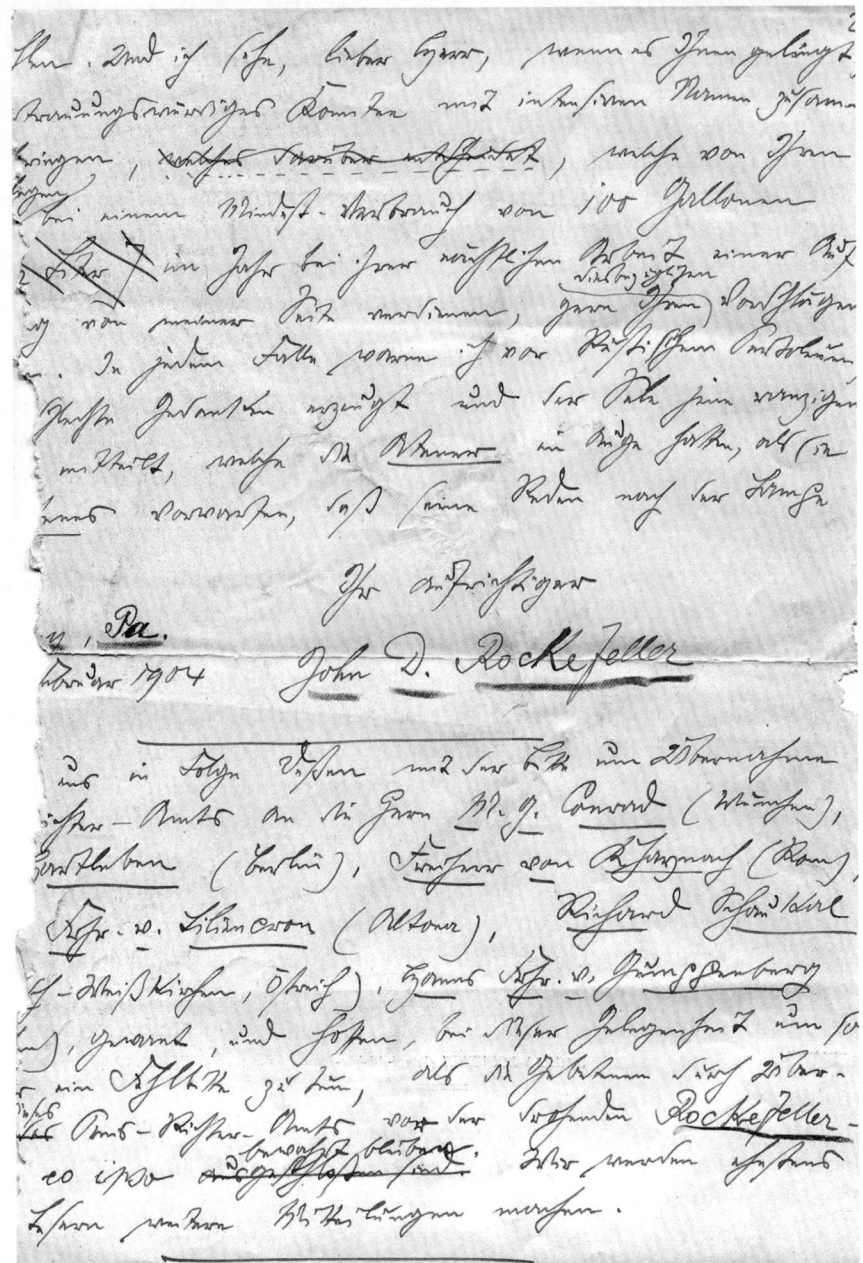

Abb. 2: Oskar Panizza: »Für ›Petroleumdichter‹ [1904]«, Münchner Stadtbibliothek/
Monacensia, Manuskript L1227, Blatt 2.

sprachige Volkslieder in traditionellen Trachten aufzuführen. Die Monetarisierung einer solch vermeintlich typisch deutschen Idylle, die die sozialen und politischen Konflikte des 19. Jahrhunderts Lügen straften, repräsentierte all das, was Panizza an bürgerlicher Kunst und Kultur verachtete. In einer Zeit umfassender Zensur hatte er die enge Verknüpfung zwischen Kunst und Kapital erst wenige Jahre zuvor selbst erlebt, als sein Vermögen aufgrund regierungsfeindlicher Schriften vorübergehend vom deutschen Staat beschlagnahmt wurde.[4] Sein fiktiver Brief legt daher nahe, dass viele Dichter, die zu dieser Zeit erfolgreich waren, von den Reichen und Mächtigen gekauft wurden – ob nun tatsächlich oder durch ihren vorauseilenden Gehorsam.

Der Brief veranschaulicht Panizzas Verständnis von Kunst als einem satirischen Akt des Widerstands gegen realitätsferne Kapitalisten mit nationalstaatlichen Prioritäten wie den fiktiven Rockefeller, der seine philanthropischen Entscheidungen mit der Bemerkung verteidigt, »daß meine Schenkung an die Univer[sity in? Ch]icago – es sind nur etwa 11 ½ Miljonen – doch der [hiesig]en Wißenschaft dient und der Gröse Amerika's.«[5] Rockefeller formuliert eine explizite Warnung, wenn er versichert, dass anderes Petroleum als das seine »schlechte Gedanken erzeugt und der Sele jene ranzigen [Gerüche/Aromen?] mitteilt, welche die Atener im Auge hatten, als sie [Diog]enes vorwarfen, daß seine Reden nach der Lampe [röchen]«. Hier erhält die Lampenmetapher eine weitere, allerdings positive Dimension: Diogenes soll tagsüber mit einer brennenden Lampe durch die Straßen Athens gegangen sein, um einen guten, wahren Menschen zu finden. Damit hat Diogenes' Lampe einen anderen Geruch als die der Petroleumdichter, die eher wie die Blendlaterne in Panizzas »Verbrechen in Tavistock-Square« (1891) fungiert und die Erkenntnis verhindert:[6] Diogenes' Licht repräsentiert kritisches Hinterfragen und unabhängiges Denken, und Panizzas Brief ist demnach ein verschleierter Appell an seine Dichterkolleg:innen, unabhängig von großen Geldgebern und ihren Überzeugungen zu bleiben, um Kunst in Diogenes' Sinne zu schaffen. Das wird auch dadurch deutlich, dass er seinen namentlich genannten Dichterkollegen die Aufgabe überträgt, Petroleumdichter zu identifizieren, d.h. Künstler:innen zu finden, die Rockefeller unterstützen kann, wodurch er hofft, dass »die Gebetenen durch Über-[nahme] dieses ~~des~~ Preis-Richter-Amts vor der drohenden Rockefeller-[Plage?] eo ipso ~~ausgestßohen sind.~~ bewahrt bleiben«. Auch wenn der fiktive Brief nie veröffentlicht wurde und Panizzas Werk aufgrund seines kritischen Potenzials rigoros zensiert wurde, gelang es seiner Kunst, andere mit kritischem Gedankengut anzustecken.

1 Hier und im Folgenden zitiert aus dem vorangestellten Transkript von Oskar Panizza: »Für ›Petroleumdichter‹ [1904]«, Literaturarchiv Monacensia München, Manuskript L1227. — **2** Der Hinweis »jenseits des Rheins« lässt darauf schließen, dass der Brief während Panizzas Exil in Paris Anfang 1904 verfasst wurde (das abgerissene Datum deutet auf Februar hin), bevor dieser im Juni nach Deutschland zurückkehrte. — **3** In »bildlicher und übertragener anwendung: nach der lampe riechen (nach mühsamer arbeit), z. b. von dichterischen producten«, in Jacob und Wilhelm Grimm: »Deutsches Wörterbuch«, Leipzig 1854–1961, Lemma »riechen«. Vgl. auch den verwandten englischen Ausdruck *burning the midnight oil*. Angesichts des zeitlichen Rahmens ist es wahrscheinlich, dass es sich bei der erwähnten Zeitschrift um die »Zürcher Diskußjonen« handeln soll, die Panizza von 1897 bis 1902 herausgab und für die er bis 1904 weiterhin Entwürfe und Ideen sammelte. Der einzige veröffentlichte Hinweis auf den Brief vermutet dasselbe, vgl. Rolf Düsterberg: »Die gedrukte Freiheit‹. Oskar Panizza und die Zürcher Diskußjonen«, Frankfurt/M. 1988, S. 304 f., vgl. auch S. 187 and S. 209 f. Der Brief fällt mit einer PR-Kampagne zusammen, die den sonst sehr auf Privatsphäre bedachten Rockefeller nach der Veröffentlichung von Ida Tarbels kritischer »History of the Standard Oil Company« 1902 begann. Vgl. Grant Segall: »John D. Rockefeller. Anointed with Oil«, Oxford 2001. — **4** Düsterberg: »Die gedrukte Freiheit‹«, a. a. O., S. 195 f. — **5** Rockefeller spendete der University of Chicago Anfang der 1890er Jahre tatsächlich 80 Millionen Dollar. Als ich auf diesen Brief gestoßen bin, recherchierte ich für meine Doktorarbeit an dieser Universität, und eine frühere Version dieses Textes findet sich auf Englisch zu Beginn meiner Dissertation. — **6** Vgl. dazu meine 2025 bei Indiana University Press erscheinende Monografie »Vegetal, Animal, Marginal. The German Literary Grotesque from Panizza to Kafka«, die neben anderen Erzählungen diese Lesart des »Verbrechens«, den Topos des Geruchs in Panizzas Werk sowie weitere Referenzen zu Diogenes nachzeichnet.

Gal Hertz

Pathologie des modernen Selbst

Oskar Panizzas »Das Liebeskonzil« und »Psichopatia criminalis«

Auch 130 Jahre nach seiner Entstehung ist Oskar Panizzas »Das Liebeskonzil« immer noch ein Rätsel: Worum geht es in dem Stück? Ist es ein ikonoklastischer Versuch, den Katholizismus zu kritisieren, ein Theater der Blasphemie, das im Namen des Atheismus und der künstlerischen Freiheit christliche Gottheiten verhöhnt und Satan preist? Ist es eine Gesellschaftskritik am wilhelminischen Deutschland zu Zeiten des Kulturkampfes, mit seiner Betonung von ›Normalität‹ und seinem wachsenden Hygienewahn? Oder ist es Kritik am Theater und den literarischen Gattungen der Zeit, an der »Tendenz«, wie es im Prolog ironisch heißt, die Panizza ablehnte und anprangerte? Diese verschiedenen Interpretationen können durchaus nebeneinander existieren; wichtig ist jedoch, auch die Verbindungen zwischen ihnen zu betrachten: Für Panizza war die Religionskritik mit der Psychiatrie und modernem forensischen Wissen verbunden. Durch die Fokussierung auf Randfiguren und transgressive Verhaltensweisen wollte er eine alternative Perspektive auf die moderne Gesellschaft eröffnen – eine, die nicht die Anpassung an Normen, sondern die Infragestellung ihrer Logik einfordert. Obwohl er ein Kritiker der Moderne war, trug er so gleichzeitig zur Entwicklung der modernen Literatur und Kunst bei.

Was dieses Stück so einzigartig macht, ist weniger sein provokanter Inhalt oder die Art und Weise, wie es die Religion kritisiert, sondern vielmehr der Versuch, die Moderne selbst als eine Form von Krankheit darzustellen. Durch die Zusammenführung von psychiatrischem Wissen mit philosophischen Ideen der Avantgarde und neuen künstlerischen Formen vertritt Panizza die These, dass das Selbst, das ›Ich‹, eine politische Konstruktion ist. Aus einer kritisch-psychiatrischen Perspektive legt er nahe, dass die psychische Gesundheit beziehungsweise Krankheit der Menschen das Versagen der Staatsmacht und ihrer sozialen Institutionen anzeigt: Dies würde umso virulenter, je mehr die Herrschenden versuchten, Kontrolle über die Köpfe der Menschen zu erlangen, um ihre Ohnmacht zu kompensieren. Panizza hat mit dem »Liebeskonzil« nicht nur ein skandalöses Stück geschrieben, sondern in den zeitgenössischen Diskurs über Anarchismus und Individualität eingegriffen, der sich auf Denker wie Max Stirner, Bruno Bauer und Ludwig Feuerbach sowie historische Fälle von populistischen Revolutionären, religiösen Reformern und nationalen Märtyrern stützt.

»Das Liebeskonzil«

»Das Liebeskonzil« handelt nicht von der Liebe und es ist auch kein Konzil. Das Stück spielt im Jahr 1495, einer Zeit sozialer Instabilität und der ersten dokumentierten Ausbreitung der Syphilis – zweier historischer Begebenheiten, die Panizza in einen Zusammenhang setzt. Er stellt Gott als hilflos und unfähig dar, als senilen, erschöpften Greis, der nicht leben will und doch nicht sterben kann. Weder er noch die manipulative und verführerische Maria oder sein debiler Sohn Jesus haben Kontrolle über die Menschen. Auf der Erde ist dadurch der päpstliche Hof Alexanders VI. zu einem Ort sexueller Ausschweifungen, Orgien und unmoralischen Verhaltens verkommen. Der Teufel erklärt sich auf Anfrage Marias bereit, den inkompetenten Gottheiten dabei zu helfen, diese Zustände wieder zu beheben. Auf Basis seiner medizinischen Kenntnisse erschafft er eine Krankheit, die durch sexuelle Handlungen übertragen wird: In der Syphilis verbinden sich theologische Dysfunktion, sexuelles Begehren und dämonisch-pathologische Kreativität.

Von der Evolutionstheorie und positivistischen Sozialwissenschaft inspiriert, stellte der Naturalismus des 19. Jahrhunderts im Namen biologischer Interpretationen des menschlichen Verhaltens die aufklärerischen Vorstellungen von Rationalität infrage. Was ist Moral in einer Welt der Instinkte und Leidenschaften? Max Nordaus Kulturkritik und der hieran anschließende Diskurs der »Entartung« gab in dieser Hinsicht Orientierung.[1] In Panizzas Stück wird dieser jedoch auf himmlische Figuren übertragen: Die Gottheiten und auch der Teufel sind ihrem Wesen nach irdisch und weisen verschiedene Formen des geistigen und körperlichen Verfalls auf. Darüber hinaus verliert die Liebe jede spirituelle Bedeutung und wird auf sexuelles Verlangen reduziert: physisch, transgressiv und niemals zu befriedigen. In dieser ›schönen neuen Welt‹ wird die Religion zu einer rein mechanischen Disziplinarmacht, zu einem moralischen Kodex, der nicht in Form göttlicher Gnade, sondern in ›degenerierten‹ Formen erscheint.

Der erste Akt stellt einige Engel vor, die auf Erden als Kinder von Priestern missbraucht wurden und zu früh starben, und führt so den Verfall des Himmels vor. Der zweite Akt findet im Papstpalast in Rom statt, wo anstelle von Gebeten und heiligen Handlungen ein zügelloses Sexualverhalten, Ausbeutung und Heuchelei herrschen. Der dritte Akt zeigt den Handel mit dem Teufel: Für seinen Auftrag, die Sünder zu bestrafen und Ordnung wiederherzustellen, wählt er die *femme fatale* Salome als Krankheitsüberträgerin. Während dem Teufel im vierten Akt seine Belohnung verwehrt wird, verbreitet Salome schließlich im fünften Akt die Seuche. Im ganzen Stück betonen die Regieanweisungen die seltsamen Beziehungen zwischen den Figuren und besonders ihr erotisiertes Verhalten. Sie entwickeln sich im

Laufe des Stücks nicht weiter und werden nicht mit inneren Konflikten konfrontiert. Mit Ausnahme des Teufels, der ausführliche Monologe hält und sich seines Zustands kritisch bewusst ist, bleiben alle anderen Karikaturen. Es geht nicht um ihre Motive, sondern um ihren Tonfall, ihre Gesten und Interaktionen sowie ihre körperlichen und psychischen Merkmale.

In der zweiten Szene des dritten Aufzugs denkt der Teufel in seinem Höllenlabor über seine Stellung in der Gesellschaft und deren Moral nach: »Wenn du ein Graf wärst, dann wäre auch dein krummes Bein gräflich. Und wenn du nur ein Türsteher da droben wärst, dann wäre auch dein Kopf und deine Gedanken himmlisch und engelhaft, wie dein Kleid, das du dann trügest. Aber so bist und bleibst du ein Hund! – Nur wenn du für sie was tun sollst, was sie selbst nicht können, oder was für sie zu schmutzig ist, dann lächeln sie dir zu und sagen: ›Mein Freund! Mein Freund!‹ Aber wenn die Audienz vorbei ist, musst du wieder runter in Staub und Kot, und dann heißt's ›Pfui Deifel! Pfui Deifel!‹ – Und so bist du ein erdgeborener, gebückter und verzerrter Kerl dein Leben lang, und humpelst herum mit deinem Fuß, und frisst Ärger und Grimm in dich hinein!«[2] Er gibt zu verstehen, dass es nicht sein krummes Bein und seine gelbliche Haut[3] sind, die seine soziale Position in der himmlischen Hierarchie begründen, sondern die Existenz einer Klassengesellschaft: Nicht sein Körper ist es, der ihn aus dem Kreis ausschließt, dem er angehören will, sondern die soziale Ordnung, die sich in der Pathologisierung seines physischen Zustands ausdrückt. Er wird wie »ein Hund« behandelt. Was mit »Mein Freund« beginnt, wenn Andere etwas von ihm wollen, schlägt in eine abschätzige Reaktion um, die seinen Namen in ein Schimpfwort verwandelt: »Pfui Deifel!«

Es ist nicht verwunderlich, dass die Veröffentlichung des Stücks (das zu Panizzas Lebzeiten nie aufgeführt wurde) schnell zu einem Skandal wurde. Obwohl es in der Schweiz publiziert wurde, klagte die Staatsanwaltschaft München Panizza wegen 93 Fällen von Gotteslästerung nach § 166 des Reichsstrafgesetzbuchs an.[4] Der Gerichtsprozess rückte den Angriff auf die Religion und die Frage der künstlerischen Freiheit in den Vordergrund und prägte die zeitgenössische Rezeption. Während des Prozesses erhielt Panizza Unterstützung von Schriftstellern und Denkern wie Theodor Fontane, Émile Zola, Gerhart Hauptmann und Karl Kraus, deren Kritik aber auf die Zensur zielte und nicht auf eine Verteidigung des Stückes selbst. Spätere Kritiker sahen im »Liebeskonzil« vornehmlich einen Angriff auf den Katholizismus und befassten sich in ihren Analysen weniger mit der Rolle der physischen Missbildungen und pathologischen Begierden im Stück. Doch wenn die säkulare Wissenschaft die Alternative zur Kirche ist, warum wird sie dann mit dem Teufel in Verbindung gebracht? Es scheint hier nicht primär um Kritik an der Religion als solcher zu gehen, als vielmehr um die Frage, wie man ihrem Einfluss entkommen kann. Hier bieten auch die Wissenschaften keinen Ausweg, denn sie sind ihrerseits eng mit der Staatsmacht verbunden und betreiben gemeinsam das, was man nach Foucault Biopolitik nennen würde. Diese soziopolitische Kritik verschwand hinter der skandalösen Blasphemie. In seiner »Verteidigung in Sachen ›Das Liebeskonzil‹« geht Panizza darauf ein und verweist auf das Eingangszitat Ulrich von Huttens, das auf Krankheit als göttliche Strafe Bezug nimmt: »Ich habe diese Stelle als Motto dem Buch vorangesetzt, um gleich darauf hinzuweisen, um was es mir zu tun war: daß es mir nicht auf gotteslästerliche Dinge und Unflätigkeiten ankam, sondern auf das Erfassen der eigentümlichen Situation.«[5] Mit »der eigentümlichen Situation« meinte er eine kritische Sicht des modernen Ich und stellt mit der Formulierung Assoziationen zu Max Stirners Buch »Der Einzige und sein Eigenthum« (1845) her.[6] Panizza bezog sich sowohl in seinen essayistischen Schriften als auch in seinen Erzählungen auf diese Analyse der Entstehung des Eigentums.[7] Auch in seiner Auseinandersetzung mit der Religion, insbesondere den Lehren Christi und Luthers, folgte er Stirners materialistischer Form der Gesellschaftskritik, die die Subjektivität infrage stellt, sowie dessen individualistischem Anarchismus.

»Psichopatia criminalis«

In seinem satirischen Werk »Psichopatia criminalis. Anleitung um die vom Gericht für notwendig erkanten Geisteskrankheiten psichjatrisch zu erüïren und wissenschaftlich festzustellen. Für Ärzte, Laien, Juristen, Vormünder, Verwaltungsbeamte, Minister etc.« [sic!] (1898) griff Panizza diese Kritikpunkte des »Liebeskonzils« erneut auf und setzte sie auf explizitere Weise fort.[8] Birgit Lang schreibt hierzu: »It is in *Psichopatia criminalis* that Panizza comes to terms with the consequences of his trial, and problematises the forensic imbrication of legal and medical discourse for the first time in his wide-ranging career. Having effected a radical displacement of authority as an imaginative foundation for his project, Panizza creates a satire utilising his profound knowledge of the psychiatric case study genre to attack his former profession, the German state, and even his supporters and friends.«[9] Für ihn ging es in der Psychiatrie weniger um die Behandlung psychisch Kranker als um ein umfassenderes System der Kontrolle – und auch hier ist es wieder nicht weit zu Foucaults Ideen: Staatsmacht konstituiert sich durch das Wissen über das Subjekt sowie die Sorge des Subjekts um sich selbst.[10] Es ist nicht der medizinische Diskurs, den Panizza dekonstruieren will, sondern etwas, das man, um einen anderen Foucault'schen Begriff zu verwenden, Gouvernementalität nennen könnte.

Die »Psichopatia criminalis« ist ein 80-seitiger satirischer Essay, der aus der psychiatrischen Literatur der Zeit schöpft. Schon der Titel macht deut-

13

lich, dass es um die Frage nach dem Verhältnis von psychischer Pathologie und Kriminalisierung geht, mit anderen Worten, wie sich Kriminalität von einer Frage nach sozialem Verhalten zu einer von Psychiatrie und Vererbung entwickelt. Es handelt sich dabei um die Zusammenführung der Ideen von Cesare Lombroso (»Der kriminelle Mensch«, 1878) und Richard von Krafft-Ebing (»Psychopathia sexualis«, 1882) sowie der Handbücher und Leitfäden für die Polizei und Justiz von Autoren wie Hans Gross (»Handbuch für Untersuchungsrichter, Polizeibeamte, Gendarmen u.s.w«, 1893). Gemeinsam ist diesen Werken die Auffassung, dass Kriminalität das Ergebnis eines pathologischen psychischen Zustands ist, der auf eine soziale ›Degeneration‹ der Person oder ihres Umfelds hinweist. Während »Das Liebeskonzil« mit Hilfe historischer und religiöser Themen auf körperliche, soziale, kulturelle und geistige Degeneration verweist, kritisiert »Psichopatia criminalis« diese Zusammenhänge in satirischer Form.

In seinem Text betrachtet Panizza Wahnsinn und Neurosen nicht als psychische Störungen des Individuums, sondern als Resultat der Moderne, speziell als Effekt des modernen Staats. Mit anderen Worten: Die moderne Staatsform macht die Bürger zu psychisch instabilen Menschen, was sie wiederum zu potenziellen Kriminellen macht. Panizza scheint hier nicht nur die Praktiken und therapeutischen Methoden der psychiatrischen Einrichtungen anzugreifen, sondern auch deren Kategorisierung: Seiner Ansicht nach agieren sie eher politisch als wissenschaftlich. Im »Liebeskonzil« ging es Panizza um die inhärente Pathologie des modernen Selbst: Der Versuch, in einem ›Zeitalter der Degeneration‹ die Individualität zu retten, beinhaltet nicht nur eine Kritik an Kirche und Staat, sondern eine Absage an jede teleologische Sichtweise. Die Auswirkungen des Staats auf die geistigen Fähigkeiten und kriminellen Tendenzen sah er als Symptome dieses Systems. Trotz des deutlichen Bezugs auf die Vertreter des Sozialdarwinismus Richard von Krafft-Ebing und Cesare Lombroso, die Kriminalität mit Vererbung in Verbindung brachten, schlägt er in »Psichopatia criminalis« eine andere Richtung ein: ›Degeneration‹ ist für ihn ein sozialer und politischer Effekt.[11] Was also sollen »Ärzte, Laien, Juristen, Vormünder, Verwaltungsbeamte, Minister etc.« mit diesem an sie adressierten Leitfaden anfangen?

Die Struktur des Textes liefert bereits eine Antwort. Auf eine kurze Einleitung folgen vier Kapitel, in denen die vier Hauptsymptome der »Psichopatia criminalis« behandelt werden: die Erweichung des Gehirns, die Manie, die Melancholie und die Paranoia. Jedem der Kapitel fügt Panizza Fallbeispiele prominenter Persönlichkeiten hinzu, die an dieser Krankheit gelitten haben sollen. Wenn das Hauptprogramm des ›Degenerations‹-Diskurses darin bestand, das Kriminelle aus dem sozialen Kontext herauszulösen und es auf evolutionäre Begriffe zu gründen – wie etwa Lombrosos Begriff des

Atavismus nahelegt –, so entlarvt die Satire die Lächerlichkeit einer solchen Argumentation.[12] Sie zeigt jedoch auch eine andere Möglichkeit auf, wie man den unerwünschten Auswirkungen staatlicher Macht und gerichtlicher Verfolgung entgehen oder sie vermeiden kann: Die Perspektive, die Panizza vorschlägt, besteht darin, ›Degeneration‹ in eine ästhetische Form zu bringen, in der sich diese ›degenerierten‹ Elemente des Geistes und der Persönlichkeit den staatlichen Machtmechanismen entziehen und die dämonische beziehungsweise dämonologische Illusion eine Alternative zu fixierter Identität und normativen Zwängen bietet.

Die neue Form der politischen Ordnung, der moderne Staat, hat dieser Argumentation Panizzas zufolge weitreichende psychische Auswirkungen. ›Degeneration‹ ist nicht die Beschreibung für diejenigen, die nicht in dieser neuen Ordnung aufgehen, sondern bezeichnet im Gegenteil deren Resultat. Kriminalität wird in der Folge als politische Handlung verstanden. Sie ist Reaktion auf oder Widerstand gegen die unterdrückende Macht des Staates – wie zum Beispiel im Fall der Manie, die keinen inneren Kampf bezeichnet, sondern der Energie Ausdruck verleiht, die gegen die Unterdrückung aufgebracht wird: »Es ist die stille Wut, das geheime, ruhige Konspirieren, das innere freie Denken, was diese Leute auszeichnet; es ist die *mania anti-gouvernementalis.*«[13] In den verschiedenen Beispielen, die Panizza anführt, verbindet er den Wahnsinn mit bürgerlichen Revolten; etwa im Fall von Michele Angiolillo Lombardi (1871–1897) und Tommaso Aniello Masaniello (1620–1647), die bei ihm für die Verbindung zwischen »Genie und Wahnsinn«[14] stehen: als ›entartete‹ Figuren, die zu Anarchisten wurden. Es geht hier jedoch nicht um ›Entartung‹ oder ›Degeneration‹ (Panizza verwendet beide Begriffe) im biologischen Sinne, wie es bei vielen der damaligen Psychiater und Sozialdarwinisten der Fall war, sondern um ein Verständnis der sozialen Mechanismen, die im Spiel sind: »Dann, auf den höheren Schulen, ist es besonders *Kant* und sein Sistem des *Zurüknehmens der Aussenwelt in den Kopf, in das Denken,* was so junge Leute veranlasst, *den ganzen Staat in sich hineinzufressen,* und dort mit dem Höchsten und Heiligsten, mit dem *gouvernement* und den höchsten Würdenträgern – ja mit der geheiligten Person Seiner Majestät des jeweiligen Landesvaters – zu manipuliren, *als mit Denkformen zu spielen,* und inneren Unfug zu treiben.«[15] Das innere Ich, so Panizza, ist eine Spiegelung seiner sozialen und historischen Bedingungen; es steht nicht außerhalb der Welt und ist auch nicht durch eine Objekt-Subjekt-Dichotomie von ihr getrennt. Das moderne Subjekt ist nicht das, was Kants System laut Panizza vorschreibt, sondern eine neurotische Reaktion auf den Zusammenbruch der Grenzen zwischen dem Ich und seiner Umgebung: Es ist keine innere Kraft, die durch Triebe oder Wünsche erklärt werden kann, sondern eine soziale Konstruktion.

All dies zeigt, dass Panizza nach dem Skandal des »Liebeskonzils« seine Theorie der Moderne in der »Psichopathia criminalis« weiterentwickelte. Auch hier weist er auf die politische Dimension des ›Degenerations‹-Diskurses hin, auf die Tatsache, dass es sich in Wirklichkeit nicht um eine vermeintlich biologische und empirische Wissenschaft handelt, sondern um eine normalisierende Ideologie – was erklärt, warum er hierfür anarchistische und radikale Denker und politische Aktivisten ins Visier nimmt.[16] Anstatt den Begriff der ›Degeneration‹ gänzlich zu verwerfen, machte Panizza ihn sich für seine Zwecke zu eigen: Sie wird für ihn gleichbedeutend mit sozialem Nonkonformismus, ist also nicht das Gegenteil von Fortschritt, sondern von Konformität.

1 Vgl. Max Nordau: »Entartung«, Berlin 1893. — **2** Oskar Panizza: »Das Liebeskonzil«, in: Ders.: »Werke«, hg. von Günther Emig und Peter Staengle, Niederstetten 2021, Bd. 5: »Der heilige Staatsanwalt. Das Liebeskonzil. Meine Verteidigung in Sachen ›Das Liebeskonzil‹« (Nachwort von Peter D. G. Brown), S. 31–117, S. 78 f. — **3** Zum generell rassifizierenden Konzept der gelben Haut vgl. hier spezifisch Sander L. Gilman: »Salome, Syphilis, Sarah Bernhardt und die ›moderne Jüdin‹«, in: »The German Quarterly« 66/2 (1993), S. 195–211. — **4** Vgl. Peter D. G. Brown: »Oskar Panizza. His Life and Works«, New York 1983, S. 36–39. — **5** Oskar Panizza: »Meine Verteidigung in Sachen ›Das Liebeskonzil‹«, in: Ders.: »Werke«, Bd. 5, a. a. O., S. 119–153, S. 123. Das Eingangszitat Huttens lautet: »Es ist got gefellig gewesen in unsern tagen kranckheiten zu senden (als wol zu achten ist) die unsern vorfaren unbekant seint gewesen. Da bey haben gesagt die der heiligen geschrift obligen, das die blatteren uß götz zorn kumen seint, und got damit unsere bösen berden straffe und peynige.« Panizza: »Das Liebeskonzil«, a. a. O., S. 34. — **6** Max Stirner: »Der Einzige und sein Eigentum«, Leipzig 1844 (vordatiert auf 1845). Die Bedeutung Stirners für Panizzas Denken wird auch in dem ihm gewidmeten Text »Der Illusionismus und Die Rettung der Persönlichkeit« (1895) deutlich. Vgl. Oskar Panizza: »Der Illusionismus und Die Rettung der Persönlichkeit«, in: Ders.: »Werke«, hg. von Günther Emig und Peter Staengle, Niederstetten 2022, Bd. 7: »Der Illusionismus und Die Rettung der Persönlichkeit. Ein guter Kerl. Abschied von München. Dialoge im Geiste Hutten's« (Nachwort von Damir Smiljanić), S. 5–74. — **7** Vgl. auch Dietmar Schmidt: »Assimilations-Experimente. Oskar Panizza liest Karl Marx«, in: Bettine Menke / Thomas Glaser (Hg.): »Experimentalanordnungen der Bildung«, München 2014, S. 225–250. Schmidt liest Panizza in Zusammenhang mit Marx und Feuerbach, betont aber vor allem den Kontext des Materialismus. — **8** Oskar Panizza: »Psichopatia criminalis«, in: Ders.: »Werke«, hg. von Günther Emig und Peter Staengle, Niederstetten 2021, Bd. 9: »Nero. Tragödie in fünf Aufzügen. Psichopatia criminalis. Parisjana. Deutsche Verse aus Paris« (Nachwort von Hans Brittnacher), S. 137–199. — **9** Birgit Lang: »›Writing back‹. Literary Satire and Oskar Panizza's ›Psichopatia criminalis‹ (1898)«, in: Dies. / Joy Damousi / Alison Lewis (Hg.): »A History of the Case Study. Sexology, Psychoanalysis, Literature«, Manchester 2017, S. 90–118, S. 95. — **10** Vgl. Michel Foucault: »Sexualität und Wahrheit«, Frankfurt/M. 1989, Bd. 3: »Die Sorge um sich«. — **11** Hier wird der Übergang von Vererbungslehre zur politischen Kausalität deutlich: »*Heredität* ist, wie dies nach neueren psychologischen Anschauungen leicht begreiflich, in den meisten Fällen deutlich nachweisbar. Entweder ist der Vater schon wegen politischer Reate gesessen; der Grossvater; der Onkel; oder dir Mutter stamt aus inveterirt-demokratischer Familie.« Panizza: »Psichopathia criminalis«, a. a. O., S. 143. — **12** Sowohl für Lombroso als auch für Gross und andere galten Anarchisten als entartet im Sinne von Nordaus Kulturkritik. Vgl. Patricia Bass: »Cesare Lombroso and the Anarchists«, in: »Journal for the Study of Radicalism« 13/1 (2019), S. 19–42. — **13** Panizza: »Psichopathia criminalis,« a. a. O., S. 162. — **14** Oskar Panizza: »Genie und Wahnsinn«, in: Ders.: »Werke«, hg. von Günther Emig und Peter Staengle, Niederstetten 2020, Bd. 3: »Genie und Wahnsinn. Aus dem Tagebuch eines Hundes. Die unbefleckte Empfängnis der Päpste« (Nachwort von Joela Jacobs), S. 5–48. — **15** Panizza: »Psichopathia criminalis,« a. a. O., S. 163. — **16** Zur politischen Ideologie von Lombroso und ihrer Beziehung zum Anarchismus vgl. Daniel Pick: »Gesichter der Degeneration«, Cambridge 1989.

Manuel Förderer / Birgit Ziener

Pix, Pax und die Macht des Unsichtbaren
Oskar Panizza im Kontext von Moderne, Okkultismus und Spiritismus

Oskar Panizza war nicht nur ein vielseitiger Autor mit einem Gespür für die provokative Dimension der von ihm behandelten Themen, sondern auch ein geradezu manischer Leser. Kurz vor Panizzas Tod, im Jahr 1920, publizierte Günther Hildebrandt in der Zeitschrift »Die Bücherstube« einen kurzen Text über »Oskar Panizza als Bibliophile«,[1] der aufgebaut ist wie eine Art virtueller Rundgang durch die gut 10 000 Bände umfassende Bibliothek des in der Zwischenzeit entmündigten Patienten des Sanatoriums Herzoghöhe in Bayreuth.[2] Gegen Ende schreibt Hildebrandt: »Über Magie, Kabbala, Zauberei, Teufelsgeschichte und dergleichen unterrichten dicke Folianten. Fast vollständig sind die erstaunlichen *opera* des frommen Leo Taxil vertreten.«[3] Was genau unter »dergleichen« zu verstehen ist, wird bedauerlicherweise nicht weiter ausgeführt, aber der Verweis auf den französischen Autor Taxil (mit bürgerlichem Namen Gabriel Jogand-Pagès) gibt schon einige Hinweise. Taxil, der zunächst mit scharf antiklerikalen Schriften auftrat und dann zwischen 1885 und 1897 eine Vielzahl von Werken gegen die Freimaurerei publizierte,[4] veröffentlichte 1895 gemeinsam mit dem in Krefeld geborenen Arzt Karl Hacks unter dem Kollektivpseudonym Dr. Bataille eine Geschichte des Teufels im 19. Jahrhundert (»Le diable au XIXe siècle«[5]). Panizza kannte und, wie man der Bemerkung Hildebrandts entnehmen darf, besaß dieses Werk, dessen Untertitel den thematischen Horizont erschließt, in dem die folgenden Überlegungen stehen: »Ou les mystère du spiritisme«.

Diese ›Mysterien‹ bilden das Substrat eines spezifisch modernen Diskursfeldes um 1900, das sich aus den Begriffen Spiritismus, Okkultismus und Mediumismus aufspannt und sich wesentlich als intellektuelle Bemühung um eine Neuvermessung der menschlichen Psyche und ihrer noch unbekannten Kräfte verstehen lässt. Spiritistisch-okkultistische Fragestellungen und Themen waren um 1900 geradezu Modeerscheinungen; allenthalben wurden spiritistische Séancen abgehalten, Gläser und Tische gerückt und über menschliche Medien wurde Kontakt zum Jenseits aufgenommen. Das Interesse für diese Phänomene reichte weit über schwärmerische oder religiös motivierte Milieus hinaus und ergriff auch ›nüchterne‹ und ›emanzipierte‹ Geister wie etwa Thomas Mann, Alfred Döblin oder Fanny Gräfin zu Reventlow.[6] Okkultismus und Spiritismus entwickelten ihre zentralen Theoriebestände dabei nicht gegen, sondern mit der Moderne und in Auseinandersetzung mit Wissensbeständen ihrer Zeit. Man reklamierte für sich einen Anspruch auf Wissenschaftlichkeit, der etwa durch die Betonung des Experiments unterstrichen wurde. Es waren vor allem wissenschaftliche Entdeckungen und Theorien – etwa die im Kontext der nicht-euklidischen Geometrie aufgekommene Frage nach dem vierten Raum[7] oder die Entdeckung der Röntgenstrahlen[8] – sowie technisch-mediale Neuerungen wie die Fotografie,[9] die die Welt des Wahrnehmbaren erweiterten, die Wirkmächtigkeit des Unsichtbaren konstatierten und dadurch den Denk- und Explikationsraum für spiritistisch-okkultistische Weltmodelle eröffneten. Das allgemeine gesellschaftliche Interesse an Okkultismus und Spiritismus war nicht anti-wissenschaftlich motiviert, sondern vor allem anti-materialistisch,[10] und es implizierte zugleich den Versuch, »Glaube, Religion und Wissenschaft zu vereinen«.[11]

Städte wie Berlin, Leipzig, Wien oder München – die Stadt, in der Panizza von 1890 bis 1895 wirkte und präsent war – avancierten gegen Ende des 19. Jahrhunderts zu Zentren des spiritistisch-okkultistischen Wirkens. In den Metropolen der Moderne kam es zur Gründung vieler spiritistisch-okkulter Vereine und Zeitschriften. So wurde schon 1886/1887 in München die Psychologische Gesellschaft gegründet, deren Mitglied Panizza war. Er nahm an Sitzungen und Veranstaltungen teil und es haben sich zwei Protokolle von ihm erhalten, in denen er unter anderem einen Abend mit dem dänischen Hypnotiseur Carl Hansen festhält.[12] Die Auseinandersetzung Panizzas mit Erscheinungsformen und Debatten im Kontext von Spiritismus und Okkultismus lassen sich also nicht nur in Form von Lektürespuren nachweisen, sondern auch in Form persönlicher Bekanntschaften, etwa mit dem um 1900 populären Spiritisten Carl du Prel.[13] Diese Umstände lassen es zu, von Panizza als einem teilnehmenden Beobachter des spiritistisch-okkultistischen Netzwerkes in München zu sprechen.[14]

Keineswegs stellte er sich jedoch kritiklos auf dessen Seite. 1891 erschien in der Zeitschrift »Die Gesellschaft« eine größere Rezension zu dem opulenten Werk »Geschichte des neueren Occultismus« von Carl Kieswetter, einem gut 800 Seiten starken Parforceritt durch die Geschichte in »spiritistischer Anschauung«.[15] Genau diese im historischen Blick alle okkulten Phänomene ordnende und subsumierende Praxis kritisierte Panizza: »Ihr geehrten Herren Spiritisten, ebenso gut könnte ich doch eines Tags eine neue Seelenkraft ›Pix‹ und ›Pax‹ (natürlich eine doppeltpolige) entdecken, bestimmte, noch nicht genügend aufgeklärte seelische Wirkungen wie Sympathie, Antipathie, Fernwirkungen der Seele u. a. darunter subsumieren, und nun meine Maschine mit ihrem Beleuchtungsapparat aufstellen und Euch zurufen: ›Seht, das ist der ›Pix-Paxismus‹ dieser großen Welt.‹«[16] Der von Panizza angesprochene Dualismus, der herangezogen wird, um bekannte, aber bis dato ungeklärte Phänomene verstehen zu können, war tatsächlich ein Merkmal vieler spiritistisch-okkultistischer Theorien;[17] die Erklärungskraft dieses Modells allerdings zog Panizza stark in Zweifel[18] und er historisierte das argumentative Vorgehen. Habe man erst einmal ein eigenes Modell entwickelt, in dem sich eine bis dato übersehene Seelenebene zeige, die zugleich hinreichend sei bezüglich der Erklärung diverser anderer psychischer Phänomene, dann würden rückblickend alle ähnlichen Ansätze als bloße Näherungen an das eigene Modell klassifiziert: »Dort sind die Mystiker. Dort die Theosophen. Aber bis zur klaren Anschauung des ›Pix‹ kamen sie nicht.«[19] Für Panizza ist die ›okkulte‹ Seite der Seele (oder der menschlichen Psyche) wenig mehr als ein leeres Postulat: »Occultismus?! Ist das zunächst nicht genau soviel als ›Pix-Pax‹?«[20] Zwar gestand er den »Herren Spiritisten« ihre eigene Überzeugung bezüglich der spiritistischen Ereignisse und deren dementsprechende Erklärung zu, schrieb aber auch, dass diese nur für den spiritistischen Zirkel, diese »seelische[] Geheim-Sekte«,[21] gültig seien.

Damit reihte sich Panizza in die Phalanx jener ein, die grundlegende Kritik am Mediumismus und an der prinzipiellen Möglichkeit der Existenz von und der Kommunikation mit Geistern übten; er machte aber zugleich die viel wichtigere Feststellung, dass der Rückgriff auf Übersinnliches sowie ein gesteigertes Offenbarungs- und Sendungsbewusstsein sich bei einzelnen Personen häufig einer Krisenerfahrung verdanke.

Dass der Spiritismus »immer weitere Kreise zieht«,[22] liege letztlich an der Besonderheit der geschichtlichen Situation, so Panizza. Da das Christentum für die große Masse verloren sei und »nur noch der tote Gang der Maschine«[23] die christlichen Institutionen und Liturgien kennzeichne, suchten die Menschen nach einem Ersatz. Jenseits aller inhaltlichen Aspekte charakterisierte Panizza den Spiritismus vor allem als »Credo«,[24] das eine Lücke im transzendenten Bedürfnisgefüge der Moderne zu füllen versuche.[25]

Indem sich Panizza auf das Unsichtbare des Geistigen und des Illusionären konzentrierte, fokussierte er selbst als Psychiater vor allem Phänomene wie Zwangsgedanken, Halluzinationen, Wahnvorstellungen, Angstzustände oder spontane Einfälle. Im Grundgedanken seiner 1895 veröffentlichten Studie »Der Illusionismus und Die Rettung der Persönlichkeit« stand er zunächst den Ideen des Spiritisten du Prel sogar sehr nah: Auch für diesen war die Vorstellungs- und Ideenwelt des Ichs von besonderer Bedeutung. Du Prel ging davon aus, dass der Mensch über ein transzendentales Ich verfüge, das zur Wahrnehmung von übersinnlichen und paranormalen Zuständen fähig sei, die in Zuständen des Somnambulen, des Traumes, der Trance oder der Hypnose wirksam würden. Dadurch erweiterte der Spiritist die Erfahrungswelt. Die Sphäre der Geister umgebe den Menschen grundsätzlich – wenn auch unbewusst. Du Prel brachte dies auf die griffige Formel: »Das Jenseits ist das anders angeschaute Diesseits.«[26] Panizza wiederum spürte diesem Modell einer die Sphären überschreitenden, produktiven Einbildungskraft nach und ergründete, einem Tagebucheintrag Fanny Gräfin zu Reventlows zufolge, die Sphären des Geistigen auch in Selbstexperimenten.[27]

Ein besonderes Augenmerk legte er in seinem »Illusionismus«-Aufsatz nicht ohne Grund auf die Halluzination. Sie entspringe nicht einer äußeren Anschauung, sondern sei geknüpft an eine rein individuelle Erlebnis- und Erfahrungssphäre. Diese produktive Kraft der Geisterwelt, der das halluzinatorische und zugleich weltenschaffende Ich folgt, nannte Panizza den inneren »Dämon«.[28] Die Figur des Dämons trägt bei ihm eine Reminiszenz an das sokratische Prinzip des *daimonion* (einer Art göttlichen inneren Stimme der Vorsicht), und nimmt auch die spiritistische Idee eines transzendentalen Subjekts du Prel'scher Prägung in sich auf. In der »Philosophie der Mystik« (1885) entwarf du Prel ein transzendentales Subjekt des Jenseits, das mit einem dem menschlichen Verstand nicht zugänglichen Zeitmaß agiere; nur der somnambule Zustand eines Traums ermögliche das Eintreten dieses transzendentalen Zeitmaßes in die Erfahrung des Subjekts. Du Prels »philosophisches Lehrgebäude[, das] auf der empirischen Basis des Schlaflebens« aufbaute, inspirierte auch Panizza, dessen erkenntnistheoretisches Interesse am halluzinatorischen Denken des Dämons eben genau in dem »Übertritt von Gedachtem in Ausgedehntes«[29] lag.

Das Unsichtbare des Dämons, aus dem heraus sich die wahre Illusion, die freie Rede, die ungezügelte Fantasie materialisieren ließe, war bei Panizza parallel zu dem Prozess der Kontaktaufnahme der Geisterwelt, der Verlebendigung des Gespenstigen entworfen. Dies ist die »literarische Relevanz des Spiritismus«:[30] Panizza sprach der Dämonie eine individuelle Vorstellungskraft und den Halluzinationen der Einbildungskraft eine schöpferische Funktion zu, die Wirklichkeit erzeugt. Im genialisch gedachten produktiven Schreibprozess, im Entstehen eines Gedankens oder eines Textes vollzöge sich eine erfolgreiche Geisterbeschwörung und es gelinge »das Hereinragen einer üblicherweise unsichtbaren Wirklichkeit in eine sichtbare«.[31]

Diese Materialisierung aus dem Nichts, dieses Hervorrufen des Unsichtbaren, oder des Ungedachten und Ungesagten, erhielt in Panizzas Poetik zwei Dimensionen: eine individual-entwicklungsgeschichtliche und eine geschichtsphilosophische. In seiner Erzählung »Die gelbe Kröte« (1894) erfährt das Unsichtbare, das durch den Dämon zur Sprache gebracht wird, eine subjektpsychologische Interpretation. Der 1896 in der Zeitschrift »Pan« erschienene Text erzählt aus der Perspektive eines namenlosen Ich-Erzählers von dessen sonntäglicher Schifffahrt auf der Themse, die er anstelle eines Kirchgangs unternimmt. Der Erzähler halluziniert einen weiteren Dampfer am Horizont, der ihm wie eine Kröte erscheint und auf dem er eine ältere Frau erblickt, die er für seine Mutter hält. In seiner Wahrnehmung fließen schließlich Schuldgefühle und Erinnerungen an die überspannte religiöse Erziehung während seiner Kindheit zusammen. »Die gelbe Kröte« ist jedoch keine Erzählung über eine« psychische Erkrankung, sondern über die Verdrängungsleistungen der Psyche und kompensatorischen Funktionen der Sprache. Wenn sich der Erzähler die Frage stellt: »Und ist denn ein so großer Unterschied zwischen einem halluzinirten Dampfer und einem veritablen Dampfer?«,[32] wird auch hier dem Illusorischen der Realität zwar nicht der Vorzug, aber doch eine gleichberechtigte Existenz zugesprochen. Die Halluzination wird zum »rächende[n] Gespenst«[33] einer Kindheitserfahrung. Dieses Träumen wie auch seine Poetisierung ermöglichen das Zursprachebringen und den Ausdruck »unserer eigenen unsichtbaren Seele«,[34] wie es in der Erzählung heißt. Die Halluzinationen des Erzählers werden mit verdrängten Erinnerungen verschränkt, sodass – den psychoanalytischen Überlegungen Freuds sehr ähnlich[35] – Traum- sowie traumartigen Zuständen ein exponierter Zugang zur Psyche des Ich und zum Es zugesprochen wird.

Bezeichnenderweise griff Panizza an jener Stelle der Erzählung, in der sich das Erscheinen des Krötenschiffes ankündigt, auf ein Vokabular zurück, das gleichermaßen bei Spiritisten wie du Prel wie im übergeordneten (und historisch älteren) Diskurs über den Mediumismus Verwendung fand: »Wenn wir von einer Summe gleicher Geräusche affizirt und von einer Menge stets sich wiederholender optischer Eindrüke erregt werden, so dauert es einige Zeit, dann werden die äußeren Sinne stumpf, und es hebt sich aus unserem Innern eine Art ›Kristallsehen‹, eine autochthone Macht, eine dritte Bewegung, die wir nicht mehr komandiren können.«[36] Sowohl die Rede von einer »dritten Bewegung«, die sich gleichsam aus dem Unterbewusstsein erhebt, als auch der Rekurs auf das »Kristallsehen« stellen einen Bezug zum spiritistisch-okkultistischen Diskurs her. In Séancen um 1900 kamen oft Kristallkugeln oder Wassergläser zum Einsatz, aus denen die visionären Bilder aufstiegen, wenn das mediumistische Bewusstsein in jenen bestimmten Zustand getreten war, den man »nicht mehr komandiren« kann, und sich so zum Produzenten von übersinnlicher Materie wandelte. Im Schöpfungsprozess setzt der Ich-Erzähler den Okkultismus den ohnmächtigen Bewusstmachungen verdrängter Erfahrungen und Erlebnisse gleich.

Drei Jahre später eröffnete sich im Abschnitt »Über das Unsichtbare« in Panizzas Schrift »Dialoge im Geiste Hutten's« (1897) eine geschichtsphilosophische Dimension des poetischen Sprachspuks: Vergangene, unausgesprochene Leiden der Unterdrückung und der Gewalt an Menschen waren für Panizza ebenfalls unsichtbar und zugleich anwesend, wenn ein Dichter spricht. Unsichtbar heißt in der politischen Schrift, dass die Leiden gesellschaftlich nicht gerächt worden sind, doch das zur Sprache gekommene Unsichtbare anfüllen. Das Unsichtbare, das das dichterische Ich im Glauben an seinen Dämon zur Sprache bringt, trägt all dies mit sich und die still erduldeten Qualen sind der Ansporn des Dämons: »Wenn ich nicht an das Unsichtbare glaubte – an einen ursächlichen Zusammenhang des rein Psichischen, des Nicht-Verlautbar-Werdenden, des Hinuntergeschlukten mit der fisischen Welt des Schlagens und Geschlagen-Werdens, des Ringens und Kämpfens, wenn ich nicht wüßte, daß das was wir in den letzten zehn Jahren heimlich gelitten haben, irgend wo aufgeschrieben ist, und in irgend einer Form umgemodelt in dieser sichtbaren Welt wieder als Kampf und Rache zum Vorschein komt, dann hielte ich das Leben nicht mehr für lebenswert und müßte verzweifeln an Deutschland.«[37] Diese Passage beschwört förmlich die Wirkmacht des Unsichtbaren als Geisterreich nicht-manifestierter Ideen, Hoffnungen und Wünsche, alles mit deutlich politischer Grundierung – was sich bei einem Spiritisten wie du Prel so nicht finden würde. Es ist dieses Unsichtbare, das sich des Menschen – so er nur eine bestimmte Disposition mitbringt – als eines »Werkzeugs«[38] bedient; eine Vorstellung, die an Panizzas Idee des Dämons anschließt. Der Dämon, der ein, wie es heißt, aus dem »Transzendentalen mit Notwendigkeit gewonnener Faktor«[39] ist, erfüllt gleichermaßen eine grenzsichernde Funktion gegen die Zumutungen der äußeren Welt des »Schlagens und Geschlagenwerdens«[40] und sprengt zugleich permanent Grenzen, die diese äußere Welt dem Individuum auferlegt. Der Dämon ist jene Triebfeder des Handelns, aus der es seine Legitimation erhält und die nie selbst in Erscheinung tritt – ein Geist, der nur in Form der durch ihn gezeugten Geister greifbar wird.

1 Günther Hildebrandt: »Oskar Panizza als Bibliophile«, in: »Die Bücherstube. Blätter für Freunde des Buches und der zeichnenden Künste«, 1 (1920), S. 92–98. — 2 Einige Anmerkungen zur Bibliothek finden sich etwa bei Michael Bauer: »Oskar Panizza. Eine Biographie«, München 2019, S. 40–44. — 3 Ebd., S. 97. — 4 Der Inhalt dieser Schriften war komplett erfunden, aber sie erhielten von führenden Persönlichkeiten der katholischen Kirche Anerkennung und Unterstützung. Vgl. Oskar Panizza: »Leo Taxil und seine Puppen«, in: »Wiener Rundschau« 2/7 (1897), S. 742–749. — 5 Docteur Bataille [i. e. Léo Taxil und Karl Hacks]: »Le diable au XIXe siècle ou les mystères du spiritisme«, 2 Bde., Paris, Lyon 1895. — 6 Vgl. hierzu allgemein Priska Pytlik: »Okkultismus und Moderne. Ein kulturhistorisches Phänomen und seine Bedeutung für die Literatur um 1900«, Paderborn 2005. — 7 Vgl. Corinna Treitel: »A Science for the Soul. Occultism and the Genesis of the German Modern«, Baltimore 2004, S. 8 f. — 8 So schreibt etwa Rudolf Tischner, für ihn habe der Okkultismus keinen »›mystischen‹ Nebensinn; der Okkultismus ist für mich ein wissenschaftliches Gebiet wie jedes andere, allerdings mit einigen Besonderheiten aber ebenso wenig mystisch wie etwa die Röntgenstrahlen oder das Radium.« Rudolf Tischner: »Einführung in den Okkultismus und Spiritismus«, Berlin 1923, S. 2. — 9 Vgl. u. a. Helmut Zander: »Höhere Erkenntnis. Die Erfindung des Fernrohrs und die Konstruktion erweiterter Wahrnehmungsfähigkeit zwischen dem 17. und dem 20. Jahrhundert«, in: Marcus Hahn / Erhard Schüttpelz (Hg.): »Trancemedien und Neue Medien um 1900. Ein anderer Blick auf die Moderne«, Bielefeld 2009, S. 17–56 sowie Oliver Krüger: »Die mediale Religion. Probleme und Perspektiven der religionswissenschaftlichen und wissenssoziologischen Medienforschung«, Bielefeld

2014, S. 17–20. — **10** Vgl. Astrid Kury: »»Heiligenscheine eines elektrischen Jahrhunderts sehen anders aus …‹. Okkultismus und die Kunst der Wiener Moderne«, Wien 2000, S. 30. Das bedeutet natürlich nicht, dass dieser Anspruch auf Wissenschaftlichkeit nicht bereits von Zeitgenoss:innen zurückgewiesen wurde, vgl. Corinna Treitel: »A Science for the Soul«, a. a. O., S. 12 f. — **11** Ulrich Linse: »Mit Trancemedien und Fotoapparat der Seele auf der Spur. Die Hypnose-Experimente der Münchner ›Psychologischen Gesellschaft‹«, in: Hahn / Schüttpelz (Hg.): »Trancemedien und Neue Medien um 1900«, a. a. O., S. 97–144, S. 99. Dieser epistemologische Ansatz diente nicht nur dazu, sich von einer zunehmend um sich greifenden Betrüger- und Taschenspielerszene abzugrenzen, die versuchte, von der großen öffentlichen Aufmerksamkeit ihren Teil abzugreifen. Den vielfältigen öffentlichen Erscheinungsformen spiritistisch-okkultistischen Interesses, v. a. Séancen und Vorführungen mediumistischer Fähigkeiten und Erscheinungen, entsprach eine nicht minder entwickelte Enttarnungsindustrie (in der sich etwa der ungarisch-amerikanische Zauberartist Harry Houdini besonders hervortat). Den teilweise spektakulären Entlarvungen vermeintlicher Medien und Geistererscheinungen stellte sich etwa der bekennende Spiritist Carl du Prel in einem Aufsatz über »Spiritismus und Antispiritismus«, in: »Die Gegenwart« 7/1 (1891), S. 226–234. — **12** Beide Protokolle sind abgedruckt in Tomas Kaiser: »Zwischen Philosophie und Spiritismus. (Bildwissenschaftliche) Quellen zum Leben und Werk des Carl du Prel«, Lüneburg 2008, S. 271–273. — **13** Carl du Prel war u. a. Mitbegründer der Psychologischen Gesellschaft. Rilke zeigte sich fasziniert von dessen Texten (die in teilweise hoher Auflage erschienen) und stand in persönlichem Kontakt zu ihm. Die Rilke-Forschung hat dies lange Zeit kaum wahrgenommen; erst in letzter Zeit wurde dem spiritistisch-okkultistischen Komplex auch in Rilkes Werk größere Aufmerksamkeit geschenkt, vgl. etwa Georg Braungart: »Spiritismus und Literatur um 1900«, in: Ders. / Gotthard Fuchs / Manfred Koch (Hg.): »Ästhetische und religiöse Erfahrungen der Jahrhundertwenden«, Paderborn 1998, Bd. 2: »Um 1900«, S. 85–92. — **14** Vgl. Veit Loers / Pia Witzmann: »Münchens okkultistisches Netzwerk«, in: Schirn Kunsthalle Frankfurt (Hg.): »Okkultismus und Avantgarde. Von Munch bis Mondrian 1900–1915«, Ostfildern 1995, S. 238–244. — **15** Oskar Panizza: »Geschichte des Neueren Occultismus«, in: »Die Gesellschaft« 7/1 (1891), S. 855–857, S. 856. — **16** Ebd. — **17** Vgl. etwa die dualistische Theorie des »Od« und »Anod« von Carl Freiherr von Reichenbach. Aber auch Max Dessoirs frühe Schrift »Das Doppel-Ich« (Leipzig 1890) arbeitet mit einem dualistischen Erklärungsmodell und Carl du Prel betrachtet den Menschen prinzipiell als einen »Bürger zweier Welten«. Carl du Prel: »Philosophie der Mystik«, Leipzig 1885, S. 71. — **18** Das geschieht nicht nur in besagter Rezension, sondern auch im Kontext seiner Erörterung der Frage, ob es so etwas wie einen Gedankentransfer zwischen dem Bewusstsein und dem Unbewussten geben könne – was Panizza verneint und anmerkt, »die Sache wird nicht dadurch besser, dass ich sage: die zwei Bewusstsein-Bezirke verhalten sich wie zwei Iche, wie zwei Persönlichkeiten«. Oskar Panizza: »Der Illusionismus und Die Rettung der Persönlichkeit. Skizze einer Weltanschauung«, in: Ders.: »Werke«, hg. von Peter Staengle und Günther Emig, Niederstetten 2022, Bd. 7: »Der Illusionismus und Die Rettung der Persönlichkeit. Ein guter Kerl. Abschied von München. Dialoge im Geiste Hutten's« (Nachwort von Damir Smiljanić), S. 5–74, S. 27. — **19** Panizza: »Geschichte des Neueren Occultismus«, a. a. O., S. 856. Dass diese argumentative Strategie das okkultistische Denken seit jeher kennzeichne, betont auch Marianne Wünsch: »Die fantastische Literatur der frühen Moderne. Definition, denkgeschichtlicher Kontext, Strukturen«, München 1991, S. 102. — **20** Panizza: »Geschichte des Neueren Occultismus«, a. a. O., S. 856. — **21** Ebd. — **22** Panizza: »Karl du Prel und der Kampf um die transcendentale Weltanschauung«, a. a. O., S. 515. — **23** Ebd., S. 516. — **24** Ebd., S. 517. — **25** Dass der Spiritismus selbst seinen Anspruch auf weltanschauliche Hegemonie auch gegenüber anderen sozialen Bewegungen zu behaupten bestrebt ist, zeigt beispielhaft eine Äußerung Carl du Prels, der den Spiritismus als wirksames ›Gegengift‹ gegen die ihrerseits vermeintlich materialistische Sozialdemokratie empfahl. Vgl. Tomas Kaiser: »Zwischen Philosophie und Spiritismus«, a. a. O., S. 117 f. Dass sich spiritistische und sozialistische Vorstellungswelten allerdings nicht ausschließen müssen, diskutiert Diethard Sawicki: »Leben mit den Toten. Geisterglaube und die Entstehung des Spiritismus in Deutschland 1770–1900«, Paderborn 2002, S. 268–281. — **26** Carl du Prel: »Wie ich Spiritist geworden bin«, in: Pytlik (Hg.): »Spiritismus und ästhetische Moderne«, a.a.O., S. 35–48, hier S. 45. Der Mensch sei, so du Prel an anderer Stelle, ein »Bürger zweier Welten«. Carl du Prel: »Philosophie der Mystik«, Leipzig 1885, S. 71. — **27** »Dazwischen Panizzabesuche«, notiert Reventlow, »manchmal unheimlich wenn er mit seinen scharfen Augen seine Halluzination erzählt.« Franziska Gräfin zu Reventlow: »›Wir sehen uns ins Auge, das Leben und ich‹. Tagebücher 1895–1910«, hg. von Irene Weiser und Jürgen Gutsch, Passau 2007, S. 362. — **28** Panizza: »Der Illusionismus«, a.a.O., S. 32. — **29** Ebd., S. 29. — **30** Hans Richard Brittnacher: »Gespenster aus Dänemark. Okkultismus und Spiritismus in Rainer Maria Rilkes ›Die Aufzeichnungen des Malte Laurids Brigge‹«, in: Roland Innerhofer / Rebecca Schönsee (Hg.): »Strahlen sehen. Zu einer Ästhetik des Emanativen«, Wien 2015, S. 52–71, S. 57. — **31** Ebd. — **32** Oskar Panizza: »Die gelbe Kröte«, in: Michael Bauer / Christine Gerstacker (Hg.): »›Ein bisschen Gefängnis und ein bisschen Irrenhaus‹. Ein Lesebuch«, München 2019, S. 239–248, S. 246. — **33** Ebd., S. 247. — **34** Ebd. — **35** Auch Freud untersucht das Potenzial von Wunderheilungen, Séancen und Darbietungen übernatürlicher Erscheinungen wie Gedankenlesen, Kommunikation mit Verstorbenen durch ein Medium in ihrem Zusammenspiel physikalischer und psychischer Kräfte, ohne sie einfach nur »durch Zusammentreffen von frommem Betrug und ungenauer Beobachtung aufklären zu wollen«. Das therapeutische Gespräch eines Arztes vergleicht er 1905 in seinem Aufsatz »Psychische Behandlung (Seelenbehandlung)« mit den Vorgehensweisen eines Hypnotiseurs: »Die Worte unserer täglichen Reden sind nichts als abgeblaßter Zauber«, beschreibt er die Fernwirkung eines psychoanalytischen Gesprächs, das mitunter fähig ist, das Leiden des Patienten ohne Medikation zu lindern oder zu heilen. Aber auch die Wechselwirkung von Muskelbewegungen und physischen Eigenschaften des Körpers und seine Krankheiten auf der einen Seite und der Seele, des Psychischen, auf der anderen Seite, unterstreicht Freud, um schließlich aufklärerisch doch die Funktionsmechanismen von übersinnlichen Erscheinungen wie Levitationen oder Gläserrücken auf physiologische Ursachen zurückzuführen. Vgl. Sigmund Freud: »Psychische Behandlung (Seelenbehandlung)«, in: Ders.: »Gesammelte Werke«, hg. von Anna Freud u.a., Frankfurt/M. 1999, Bd. 5, S. 287–315, S. 298. — **36** Panizza: »Die gelbe Kröte«, a.a.O., S. 242. — **37** Oskar Panizza: »Dialoge im Geiste Hutten's«, in: Ders.: »Werke«, Bd. 7, a.a.O., S. 117–214, S. 153. — **38** Ebd., S. 61. — **39** Panizza: »Der Illusionismus und Die Rettung der Persönlichkeit«, a.a.O., S. 33. — **40** Panizza: »Dialoge im Geiste Hutten's«, a.a.O., S. 153.

Elena Meilicke

Fotografie und ›Pseudizität‹

Paranoia als Medienwissen in Oskar Panizzas »Imperjalja«

Die »Imperjalja«, die Oskar Panizza zwischen 1903 und 1904 in Paris nie-
dergeschrieben hat und die zu seinen Lebzeiten nie veröffentlicht wurden,
sind ein Prosatext, der kaum bekannt und auch von der Panizza-Forschung
bislang wenig untersucht worden ist.[1] Das mag damit zu tun haben, dass es
sich nicht um einen im engeren Sinne literarischen Text handelt; vielmehr
lassen sich die »Imperjalja« als paranoische Ermittlung beschreiben, die
Hinweise, Spuren und Belege für eine Verschwörung zusammenzustellen
versucht. Ausgangspunkt ist das diffuse Gefühl, dass »irgendwas in Deutschland nicht mit rechten Dingen zugehe« und »irgendwo etwas faul im Staate
sein müße«,[2] ein Gefühl, das sich an die Person des deutschen Kaisers heftet:
»Teils in deutschen, besonders aber in französischen Blättern, auserdem in
englischen und italjenischen Zeitungen, erscheinen seit vielen Jahren Refe-
rate über Verbrechen und Vergehen, besonders Lustmorde, Raubmorde,
Diebstähle, Betrügereien aller Art, Wechselfälschungen, Münzverbrechen,
Verfälschungen von Kunstgegenständen, Brandstiftungen, Anstiftungen
zum Mord, Mishandlungen der eigenen Kinder, verdächtige Geldoperazjo-
nen und Hochstapeleien im grösten Stil, Verkauf militärischer Geheimniße,
Verrat und Verkauf väterländischer Intereßen, Vergiftungen, Blutschande,
Anleitung zur Prostituzjon u. s. w. u. s. w, die, wie seit ca. 1 Jahr zur Evidenz
sich ergibt, sämtlich Handlungen des als Kaisers über dem Gesetz stehenden Wilhelm II darstellen.«[3]

Diese Auflistung von Mord- und Missetaten bildet den Einstieg in eine
weit ausgreifende Untersuchung, die um den Kaiser kreist und von Panizza
folgerichtig schlicht »Imperjalja« betitelt wurde. Das Originalmanuskript,
ein dickes Notizbuch mit blauem Leineneinband, das heute in der Handschriftenabteilung der Berliner Staatsbibliothek liegt,[4] besteht aus 183 eng
mit schwarzer Tinte beschriebenen Seiten, auf denen Panizza den Kaiser als
»notorischen Verbrecher und disequilibrierten Menschen«[5] brandmarkt
und sich selbst von ihm verfolgt wähnt – ein Vorwurf, der nicht ganz aus der
Luft gegriffen scheint, wenn man bedenkt, dass Panizza in den Jahren zuvor
tatsächlich wiederholt Opfer staatlicher Repression und Zensur geworden
war. Er handelt dabei von Jack the Ripper über die Dreyfus-Affäre und das
Sisi-Attentat bis hin zu Karl May nahezu alles ab, was Europa in der zweiten
Hälfte des 19. Jahrhunderts in Atem hielt. Stück für Stück ergeben sich für

Panizza die Umrisse eines Komplotts und die Konturen einer »Berliner Nebenregierung«, an deren Spitze er den einstigen Reichskanzler vermutet: Otto von Bismarck, an dessen Tod im Jahr 1898 Panizza nicht glaubt, mache sich Wilhelms Verbrechen zunutze, um »aus geheimnisvoller Ferne leitend« die »Ausmerzung der Hohenzollern-Dinastie« zu betreiben. Bismarck habe den »ungeheuren, beispiellos kühnen und genjalischen Plan« gefasst, die »Dinastie […] langsam in's Grab zu legen«, Preußens Vorherrschaft zu beenden und das Deutsche Reich mit Österreich-Ungarn fusionieren zu lassen – so in etwa lauten die von Panizza dargelegten Gedankengänge, für die er Beweise zu akkumulieren sucht, bis der Text irgendwann einfach abbricht.[6]

Es geht nicht darum, ein Urteil über den Wahrheits- bzw. Wahnsinnsgehalt dieser Ideen zu fällen. Der eingangs gewählte Begriff der »Ermittlung« zielt vielmehr darauf ab, Paranoia als eine Form der Wissensproduktion zu begreifen, die nicht ein Anderes, sondern vielmehr ein Double moderner Vernunft darstellt: Paranoia ist nicht Unvernunft, sondern Hypervernunft, sie »operiert in Exzessen der Vernünftigkeit«.[7] Wenn die hypervernünftige paranoische Ermittlung dennoch dazu tendiert – und Panizzas »Imperjalja« bilden keine Ausnahme –, aus dem Ruder zu laufen und keinen Schlusspunkt zu finden, sondern stattdessen in die »endlose Untersuchung der Paranoiker«[8] zu münden, dann hat das mit den für sie typischen Denkbewegungen und Operationsmodi zu tun: Hauptmerkmale paranoischer Vernunft sind artifizielle, über jeden Zweifel erhabene Deutungen und exzessive Semiosen, Kausalitätssucht und Kontingenzleugnung.[9] Die folgende Darlegung zeigt, wie genau die paranoische Ermittlung der »Imperjalja« beschaffen ist, wie das in ihnen entwickelte Verschwörungsnarrativ verfasst und aus welchen Bausteinen es zusammengesetzt ist.

Schon beim kursorischen Durchblättern der Handschrift fällt auf, dass der Text immer wieder auf Zeitungsartikel rekurriert und sogar tatsächliche Zeitungsausschnitte inkorporiert. Panizzas paranoische Ermittlung erfindet also keineswegs, sondern hangelt sich vielmehr an Fakten entlang, die selektiert, interpretiert und in einen neuen Zusammenhang gestellt werden. Als »Wirklichkeits-Partikel« und »materialer Rest« führen Zeitungsausschnitte die Autorität des Gedruckten mit sich.[10] Dahinter steht der Versuch, das paranoische Narrativ im Wirklichen zu gründen, nicht Erfindung, sondern faktuales Schreiben und Tatsachenprosa zu sein.

Panizzas Methode verweist zudem darauf, dass die Niederschrift der »Imperjalja« in jene Zeit fällt, die als große Epoche der Zeitung gilt.[11] Dank der Entwicklung von Rotationsdruckmaschinen, Linotype und billigem Holzschliffpapier sowie der Verbreitung von Telegrafie und Eisenbahn erscheinen um 1900 immer mehr Zeitungen in immer höheren Auflagen, und Panizza erweist sich als besonders eifriger Zeitungsleser. So schreibt er in einem Brief vom Mai 1903 an einen Bekannten, dem er von seinem Pariser Leben berichtet, dass das Zeitunglesen viel Zeit in Anspruch nimmt – »die Schurnale und Revuen wollen doch auch gelesen werden«[12] – und seine wichtigste Alltagsbeschäftigung ist. Zu den von Panizza gelesenen Periodika zählen französische Tages- und Wochenzeitungen, aber auch »La Vie au grand air«, die erste Sportillustrierte der Welt. Panizza zitiert diese Zeitungen und Zeitschriften in den »Imperjalja« immer wieder, etwa wenn er einen »Artikel im Pariser ›Journal‹ aus dem Frühjahr 1901 (Leitartikel)« erwähnt, der Wilhelms »Raub- und Mord-Züge« veranschauliche, oder notiert, dass »das Pariser Mémorial diplomatique eine Nachricht lanzirt hatte, des Inhalts, das Ohrenleiden des Kaisers sei eitriger Natur, freße im Innern weiter und werde demnächst in das Gehirn durchbrechen«.[13] Hauptquelle für Hinweise auf Wilhelms Verbrechen und Bismarcks Komplott ist für Panizza jedoch die »Frankfurter Zeitung« – »ich war auf die Zeitung abonirt«[14] –, die in den Jahren 1903 und 1904 mit bis zu fünf Ausgaben täglich erscheint und so genug Stoff für unermüdliche Recherchen bietet.

Dass Panizzas paranoische Ermittlung all ihr Wissen aus der Presse bezieht, darauf deuten nicht nur die Zeitungsausschnitte hin, die den Text durchsetzen, sondern auch das Eingangszitat, das ja von »Referaten über Verbrechen und Vergehen« in verschiedenen Zeitungen sprach: »Dies ist ein ganz geringer Auszug aus der Liste nur der Morde, Mordanstiftungen, Vergiftungsversuche, Raubmorde etc., wie sie in den verschiedenen engl. deutschen, italj. französ. Blättern zu leßen waren.«[15] Damit sind auf den ersten Seiten der »Imperjalja« deren Quellen offengelegt, ist transparent gemacht, worin die Bedingungen der Möglichkeit der paranoischen Ermittlung bestehen: Die »Imperjalja« sind ein veritables ›Zeitungsdelir‹.

Nachzeichnen lässt sich darüber hinaus, welche Meldungen Panizza besonders interessiert haben, welche Textsorten und Schreibweisen für die verschwörungstheoretische (Re-)Konstruktion des Komplotts also von besonderer Relevanz gewesen sind: Seinen Argwohn erregen vor allem jene »maßenhaften Berichte« zu Kriminalfällen, »die wir seit Jahr und Tag in den Zeitungen lesen«.[16] So notiert er, immer im Hinblick auf eine mögliche kaiserliche Beteiligung beziehungsweise Bismarck'sche Manipulation, die Nachricht von der »Ertränkung einer 20 jähr. Fährmannstochter in Isebeck durch 5 Individuen. Okt 1898«; und auch die Meldung, dass »im Zuchthaus Kaisheim (Baiern) […] ein geschlechtlich perwerser Inhaftierter seinen schlafenden Mitgefangenen wegen Schnarchens [erschlägt], den er vorher mit der Bettdecke erdroßelt« hat, wird in die Liste möglicher kaiserlicher Gewalttaten aufgenommen.[17] Darüber hinaus zeigt er Interesse für »seltsame«, »lakonische« und scheinbar »nebensächliche Notizen« wie folgende kurios anmutende Meldung, die er ohne weitere Erläuterung notiert: »Der Kistenreisende. Vor ca. 3–10 Jahren begegnete man in der Preße wiederholt

Abb. 1: Oskar Panizza: »Imperjalja«. Abdruck mit freundlicher Genehmigung der Staatsbibliothek zu Berlin.

Schilderungen von Episoden aus Pakräumen und Güterhallen, wo plötzlich
ein Mann einer Kiste entstieg [...]. Offenbar haben wir es hier mit einer
Marotte des Kaisers zu tun.«[18]

Panizza entwickelt das Verschwörungsnarrativ einer »Berliner Nebenregierung«, die ein Komplott gegen den Kaiser plant und dessen Verkommen-
heit deswegen unentwegt, aber verschlüsselt über die Zeitungen der Öffent-
lichkeit kommuniziert, also nicht anhand der politischen Berichterstattung.
Stattdessen, das zeigen die zitierten Meldungen, wildert Panizza auf der
Suche nach Hinweisen auf einem anderen Gebiet – dem der *faits divers*. So
heißt jene Zeitungsrubrik, in der all das Platz hat, was woanders keinen
findet: die ertränkte Fährmannstochter, der wegen Schnarchens erschlagene
Gefangene, der Kistenreisende. Die »Imperjalja« lassen sich als wuchernde
Exegese von *faits divers* begreifen, als massenhafte und heterogene Anhäu-
fung von Einzelfällen, die den Text an die Grenze der Lesbarkeit treiben.

Ikono-Exzess

Panizza hat die Seiten seines Manuskripts darüber hinaus mit etlichen fotografischen Abbildungen bestückt, die aus Zeitungen und Zeitschriften aus-
geschnitten sind. Seine paranoische Ermittlung artikuliert sich also nicht nur
schreibend, sondern operiert auch mit Bildern, mit Fotografien. Dabei zeigen
die beigefügten Abbildungen allesamt Kaiser Wilhelm II. Zum Teil haben sie
illustrative Funktion, wie das Kaiserporträt, das dem Text vorangestellt ist.

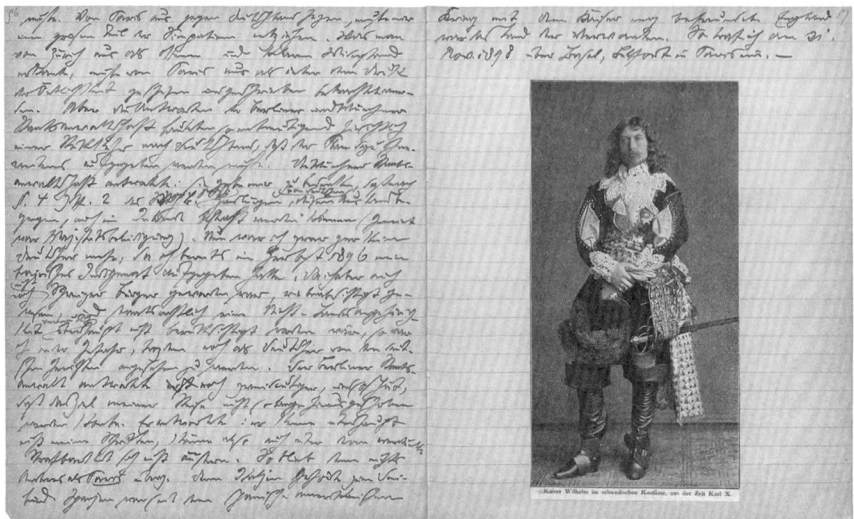

Abb. 2: Oskar Panizza: »Imperjalja«. Abdruck mit freundlicher Genehmigung der Staatsbibliothek zu Berlin.

Andere zeigen den Kaiser »im Kostüm Karl's X«, vermutlich eine Karnevals-verkleidung, mit Stulpenstiefeln, Langhaarperücke und Spitzenkragen.

Diese karnevaleske Bildauswahl, die im Text nicht näher begründet wird, kann als polemische Intervention begriffen werden, die die vermeintliche Macht des Regenten zur Farce und Travestie erklärt.[19] Wenige Jahre bevor das Kaiserreich tatsächlich seinen Niedergang findet, stellen die »Imper-jalja« den Kaiser als lächerlichen Popanz aus. Mit diesen Abbildungen geht demnach eine Bildpolitik einher, die sich für Erscheinungsformen infamer Souveränität und ubuesker Machtausübung interessiert. Deutlich wird die machtanalytische Dimension der paranoischen Ermittlung: Die »Imper-jalja« erweisen sich als Symptom wie Analyse einer politischen Schwellen-zeit und werfen ein Schlaglicht auf erodierte Souveränitätsfiguren.

In diesem Sinne lässt sich auch eine dritte Bildgruppe lesen, mit denen die »Imperjalja« enden. Es handelt sich um eine Reihe fotografischer Abbildun-gen, die aus französischen Zeitungen stammen und den Kaiser beim Besuch eines Autorennens zeigen, das im Juni 1904 im Taunus stattfand. Sie sind sogenannte Momentaufnahmen, womit um 1900 Fotografien gemeint sind, die – dank verbesserter Kameratechnologien, verkürzter Verschlusszei-ten und lichtempfindlicheren Aufnahmematerials – außerhalb kontrollier-ter Studiobedingungen und im Freien aufgenommen werden können; fast schon Schnappschüsse.[20] Mit den aus der Tageszeitung »Le Journal« und aus dem Sportmagazin »La Vie au grand air« ausgeschnittenen Momentaufnah-men hält das um 1900 noch junge Genre der Sportfotografie Einzug in die »Imperjalja«.[21]

Man kann hier durchaus von einer Bildexplosion sprechen: Mit zehn, zum Teil ganzseitigen Abbildungen enthalten die letzten Blätter so viele Bilder wie das gesamte restliche Manuskript. Dieser Explosion entspricht, auf der Ebene von Komposition und Bildsprache, eine Eskalation. Die Bilder vom Autorennen bieten erratische Bildausschnitte, verwirrende Blickachsen und unstimmige Figur-Grund-Verhältnisse. Explosiv sind diese Bilder auch, weil sich an ihnen Panizzas Verdacht in besonderer Weise entzündet und verhärtet. In der Folge unterzieht er diese Bilder einer konsequenten Bildkritik, die Materialität und Medialität der fotografischen Abbildungen in den Blick nimmt und auf diese Weise ein paranoisches Medienwissen artikuliert.

Es geht um einen umfassenden Verdacht: »[A]uf nebenstehendem Bild aus ›La Vie en [sic!] Grand Air‹ N. 302. Paris 23 Juni 1904, sieht man nach einem fotografischen Klischee Wilhelm II den Sieger Théry an sich vorbeipaßiren, dieses Bild ist, soweit der Kaiser in Betracht kommt, mit gröster Sicherheit als Fälschung zu erklären«, kommentiert Panizza mit bibliografischer Akkuratesse und paranoischer Gewissheit. Er findet, »daß die Dame im Wagen weder der Kaiserin, noch der Herr im Wagen dem Kaiser gleich sieht«. Hinter den von ihm unterstellten Bildfälschungen vermutet Panizza die immer noch kaisertreue Regierung unter der Führung von Reichskanzler Bernhard von Bülow, die »alles aufwendet, unter Zuhilfenahme des ofizjellen und privaten Preßeaparates, um das Publikum glauben zu machen, daß der Kaiser in gloribus steht und ofizjellen Empfängen und Sportfestlichkeiten beiwohnt«, während die gesamte kaiserliche Familie de facto doch »längst tot« beziehungsweise »sicher tot ist«: »Die Kaiserin halte ich für definitiv mit dem Leben fertig«, schreibt Panizza und wettet »10 gegen 1 […], daß der Kaiser […] ebenfalls nicht mehr am Leben ist«.[22] Erodierte Souveränität also auch hier – woran genau aber entzündet sich der paranoische Verdacht, der den Zeitungsbildern Betrug unterstellt und sie für fingiert hält?

Fotografische Reproduktion

Aufschlussreich ist Panizzas präzise differenzierender Begriff vom »fotografischen Klischee«, der eine korrekte Bestimmung des medialen Status der fotografischen Abbildungen unternimmt: Denn genau genommen handelt es sich bei den Bildern vom Autorennen natürlich nicht um Fotografien, sondern um gedruckte Reproduktionen von Fotografien. Das Wort ›Klischee‹, zu Deutsch ›Abklatsch‹, bezeichnet in seiner ursprünglichen Bedeutung eine Druckform oder Vorlage für Hochdruckverfahren. Manchmal, und Panizza tut dies, wird auch der mittels dieser Druckvorlage erzeugte

Druck selbst Klischee genannt: »Der Kaiser soll mit der Kaiserin am 17. Juni 1904 in dem sog. Gordon-Bennett-Automobil-Rennen bei Saalburg anwesend [gewesen sein]. Das Journal brachte am 18ten in der Früh um 6 Uhr das beifolgende Klischee von der Ankunft des Kaisers bei der Tribüne (um 6 1/4 in der Früh) [...]. Es ist in der Zwischenzeit unmöglich eine Fotografie zu entwikeln und das Klischee (Zinkäzung) davon zu fertigen, und nach Paris zu schiken.«[23]

Deutlich wird, dass Panizzas präzise Unterscheidung zwischen Fotografie und Klischee mit einem schwindenden Vertrauen in Wahrheitsanspruch und Wirklichkeitsgehalt der Bilder korreliert. Das Klischee erweist sich als Punkt, an dem der paranoische Verdacht sich in besonderer Weise auskristallisiert. Eine unheimliche Anmutung von »Pseudizität«[24] hält Einzug, die Bilder der Zeitung erscheinen fragwürdig, alle Wörter ein Trug: »Wir haben es also höchst wahrscheinlich in dem ganzen Gordon-Bennett-Rennen [...] mit einem Pseudo-Ereignis zu tun [...]; eine Vermutung, an der natürlich auch die koloßalen Rennberichte aus der ›Frkf. Ztg.‹ nichts ändern.«[25]

Befeuert von diesem paranoischen Verdacht entwickeln die »Imperjalja« eine Bildkritik, die bei Fragen bildlicher Repräsentation und Semantik nicht Halt macht, sondern auf der Ebene der Medialität und Materialität fotografischer Abbildungen ansetzt; eine Bildkritik, die diese Bilder als dezidiert technische denkt und konkrete Verfahren ihrer Reproduktion thematisiert. Explizit nämlich (wenn auch beiläufig und in Klammern gesetzt) benennt Panizza das drucktechnische Verfahren zur Herstellung von Klischees: Es ist die »(Zinkäzung)«, wie er schreibt; man spricht auch von Zinkautotypie.[26] Damit offenbart er ein genaues Wissen um den damals aktuellen Stand fotografischer Reproduktionstechnik, mit Hilfe derer die durchaus nicht lapidare Frage, wie sich Fotografien in Zeitungen abdrucken lassen, gerade erst gelöst worden war.[27] Die Zeitung »Le Journal«, aus der mehrere jener Abbildungen stammen, die den Kaiser beim Autorennen zeigen, publizierte erstmals im Frühjahr 1903 die Reproduktion einer Fotografie – also nur wenige Monate, bevor Panizza mit der Arbeit an dem Manuskript begann.[28] Die »Imperjalja« koinzidieren also mit einem Umbruch im Bereich drucktechnischer Reproduktion; sie vollführen ihn mit und führen ihn an sich vor.

Dieser Fokus auf Fragen technischer Reproduktion und Reproduzierbarkeit setzt den Text in ein nachbarschaftliches Verhältnis zum berühmtesten Paranoia-Dokument der Jahrhundertwende, das etwa zeitgleich zu Papier gebracht wurde, aber ungleich größere Bekanntheit erlangt hat: Daniel Paul Schrebers »Denkwürdigkeiten eines Nervenkranken« (1903). Schreber beschreibt hier unter anderem ein seine Person betreffendes »Aufschreibesystem«, das von »Wesen besorgt wird«, die »des Geistes völlig entbehren« und »ganz mechanisch« arbeiten: »Man unterhält Bücher oder sonstige Aufzeichnungen, in denen nun schon seit Jahren alle meine Gedanken, alle meine Redewendungen, alle meine Gebrauchsgegenstände, alle sonst in meinem Besitze oder in meiner Nähe befindlichen Sachen, alle Personen, mit denen ich verkehre usw. aufgeschrieben werden.«[29] Mechanisch und geistlos sind auch die Stimmen in Schrebers Kopf. Das endlose Gemurmel, dem er sich ausgeliefert sieht, transportiert keine Botschaften, sondern figuriert als bloßes »Sprechmaterial«, das Gegenstand verschiedener Manipulationen wird. So registriert Schreber beispielsweise, »daß das Sprechen der Stimmen in immer langsamerem Tempo geschieht«, wodurch Sätze in die Länge gezogen werden wie ein Gummiband: »Ein ›aber freilich‹ gesprochen ›a-a-a a-b-e-e-e-r fr-ei-ei-ei-li-i-i-i-ch‹, oder ein ›Warum sch ..... Sie denn nicht?‹ gesprochen ›W-a-a-a-r-r-u-m sch-ei-ei-ei-ß-e-e-n Sie d-e-e-e-e-n-n n-i-i-i-i-icht‹ beansprucht jedesmal vielleicht 30 bis 60 Sekunden, ehe es vollständig herauskommt.«[30] Die endlose Wiederholung der Stimmen treibt den gesprochenen Sätzen jeden Sinn aus: »Das Gerede der Stimmen war [...] überwiegend ein ödes Phrasengeklingel von eintönigen, in ermüdender Wiederholung wiederkehrenden Redensarten [...], beständig wiederkehrende leere Phrasen, mit denen man mich seit Jahren in tausendfältiger Wiederholung in nahezu unerträglicher Weise gequält hat und noch quält.«[31]

Friedrich Kittler hat die Sprachdeformationen, die bei Schreber auftauchen, als Beschreibung von Medieneffekten gelesen und die »Denkwürdigkeiten« als Diskurs darüber, was technische Medien um 1900 mit Sinn und Geist anstellten, indem sie neue Möglichkeiten der Speicherung, Reproduktion und Manipulation von Sprache und Stimme bereithielten.[32] Analog zu Kittlers Schreber-Lektüre lassen sich Panizzas »Imperjalja« als eine Auseinandersetzung mit Wiederholung und Reproduktion im Bereich der Bilder lesen, als Auseinandersetzung mit den medialen und technischen Bedingungen fotografischer Reproduktion um 1900. Ausgehend vom fotografischen Klischee entwickelt Panizza eine Auseinandersetzung mit technischen Bildern, die deren Materialität und Medialität zu denken versucht. Die paranoische Bildbefragung zielt damit auf den Bereich jenseits der Repräsentation und rückt die medialen Bedingungen der Repräsentation in den Blick. Die paranoische Bildkritik – das macht Panizzas Auseinandersetzung mit Klischee und Autotypie deutlich – setzt unterhalb der Ebene der Repräsentation an, auf der Ebene von Technik, Materialität und Medium.

Übertragung

Es geht dabei nicht nur um die Bedingungen der Reproduktion technischer Bilder, sondern auch um die Frage ihrer Übertragung. Panizzas Analyse zerlegte etwa das in der Zeitung »Le Journal« publizierte Bild vom Kaiserpaar in eine Reihe von Handlungsschritten, in eine Abfolge von Operationen: fotografieren, entwickeln, Klischee herstellen, nach Paris schicken, drucken. Als entscheidender Schritt seiner Argumentation, die von einer Bildfälschung ausgeht, drängt sich die Übertragung der Fotografie ins druckfähige Klischee in den Vordergrund. Diese wird von Panizza zugleich als Übertragung in Raum und Zeit, als geradezu postalisch gedachte Sendung begriffen; Voraussetzung für den Abdruck und die Veröffentlichung der Druckvorlage in der Zeitung ist schließlich, wie Panizza bemerkt, »das Klischee […] nach Paris zu schiken«.

Die Bildtelegrafie, die genau diesen Prozess der Übertragung von Bildern beschleunigen und dem Tempo der Nachrichtentelegrafie angleichen wird, ist zum Zeitpunkt der Niederschrift der »Imperjalja« ihren Grundprinzipien nach zwar schon entworfen, aber noch nicht praktisch umgesetzt. Erst 1907 stellt der Berliner Ingenieur Arthur Korn seine Erfindung in Paris vor.[33] Entsprechend beschreibt Panizza die Übertragung als einen dezidiert mittelbaren Prozess, der eine bestimmte Wegstrecke und Zeitspanne in Anspruch nimmt. Im Hintergrund des großen Autorennens sieht Panizza ein paralleles Rennen der Journalisten und Berichterstatter gegen die Zeit stattfinden, eines, das »der unglükliche Preßeaparat« nicht gewonnen haben kann: »Es ist in der Zwischenzeit unmöglich eine Fotografie zu entwikeln und das Klischee (Zinkäzung) davon zu fertigen, und nach Paris zu schiken.«[34]

Das Dazwischen erweist sich in Panizzas Darstellung also als problematisch: In der Übertragung – von der Fotografie ins Klischee, von Paris nach Saalburg – ist der Wurm drin. Die Übertragung besetzt bei Panizza eine prekäre Zwischenzeit, in der alles Mögliche schieflaufen und für nichts – nicht für Echtheit, Wahrheit, das Leben des Souveräns – garantiert werden kann. Doch gerade indem Panizza die Übertragung anzweifelt, sie als unmögliche und gescheiterte thematisiert, werden Übertragungsverhältnisse überhaupt sichtbar: »Systeme laufen, weil sie nicht laufen. Das Nicht-Funktionieren bleibt für das Funktionieren wesentlich. […] Wenn die Beziehung glückt, perfekt, optimal, unmittelbar, dann hebt sie sich als Beziehung auf. Wenn sie da ist, existiert, so weil sie misslungen ist. Sie ist nur Vermittlung. […] Wo Kanäle sind, ist auch Rauschen«, schreibt der Medientheoretiker Michel Serres in seinem Buch »Der Parasit«.[35] Übertragung, so kann man im Anschluss an Serres sagen, ist nur als scheiternde zu haben, und als solche taucht sie in den »Imperjalja« auf. Indem der paranoische Verdacht sich an die Übertragung heftet und sie als fragwürdige denkt, wird diese zum Ereignis. Die paranoische Ermittlung räumt der Übertragung ihre Zeit, ihren Raum, kurz ihr Recht ein. Indem sie Übertragung als räumlich und zeitlich extensiven Prozess denkt, entsagt sie jeder Unmittelbarkeitsfantasie und rückt stattdessen die unhintergehbare Mittelbarkeit und Medialität der Übertragung in den Vordergrund. Gerade im paranoischen Zweifel, in der Sorge, im Misstrauen gegenüber der Übertragung artikuliert Panizzas paranoische Ermittlung, was man ein spezifisch paranoisches Medien- und Übertragungswissen nennen könnte.

1 Eine knappe literaturwissenschaftliche Auseinandersetzung bietet Manfred Schneider: »Das Attentat. Kritik der paranoischen Vernunft«, Berlin 2010, S. 209 ff. Vgl. darüber hinaus Marc Wurich: »Der halluzinierte Kaiser. Oskar Panizzas Imperjalja (1901–04) zwischen Ideologie und Poetologie«, in: Nicolas Detering/Johannes Franzen/Christopher Meid (Hg.): »Herrschaftserzählungen. Kaiser Wilhelm II. in der deutschen Kulturgeschichte«, Würzburg 2016, S. 143–165. Der Psychiater und Medizinhistoriker Jürgen L. Müller hat eine Textübertragung des »Imperjalja«-Manuskripts veröffentlicht und einige pathografische und psychiatriegeschichtliche Beiträge zu Panizza verfasst. Vgl. »Oskar Panizza. Versuch einer immanenten Interpretation«, Diss. med., Würzburg 1990 sowie »Die ›Imperjalja‹ von Dr. Oskar Panizza. Zur Genese eines politischen Doppelgänger-(Capgras)-Syndroms«, in: »Nervenheilkunde« (1998), S. 308–317. — **2** Oskar Panizza: »Imperjalja«, hg. von Jürgen Müller, Hürtgenwald 1993, S. 74. Panizza hat bekanntermaßen eine eigene, phonetische Schreibweise entwickelt, die in allen Zitaten unverändert übernommen wird. — **3** Panizza: »Imperjalja«, a. a. O., S. 76 und 35. — **4** Oskar Panizza: »Imperjalja«, Handschriftenabteilung der Staatsbibliothek zu Berlin/Stiftung Preußischer Kulturbesitz, Manuskript Ms. germ. qu. 1838. — **5** Panizza: »Imperjalja«, a. a. O., S. 53. — **6** Ebd., S. 54, 42, 83, 85 und 139. — **7** Schneider: »Das Attentat«, a. a. O., S. 14. Zur Ermittlung als Form der Wissensproduktion vgl. Michel Foucault: »Die Wahrheit und die juristischen Formen«, Frankfurt/M. 2003. — **8** Luc Boltanski: »Rätsel und Komplotte. Kriminalliteratur, Paranoia, moderne Gesellschaft«, Frankfurt/M. 2013, S. 14. — **9** Vgl. Schneider: »Das Attentat«, a. a. O., S. 11 ff. — **10** Anke te Heesen: »Der Zeitungsausschnitt. Ein Papierobjekt der Moderne«, Frankfurt/M. 2006, S. 11 und 13. Vgl. auch Dies. (Hg.): »Cut and paste um 1900. Der Zeitungsausschnitt in den Wissenschaften«, Berlin 2002. Tatsächlich scheint Panizza für die Abfassung auf ein umfangreiches eigenes Archiv von Zeitungsausschnitten zurückgegriffen zu haben, das leider verschollen ist. Für eine weitergehende Auseinandersetzung mit den »Imperjalja« vor dem Hintergrund des zeitgenössischen Zeitungswesens vgl. Elena Meilicke: »Paranoia und technisches Bild. Fallstudien zu einer Medienpathologie«, Berlin 2021, S. 24 ff. — **11** Vgl. te Heesen: »Der Zeitungsausschnitt«, a. a. O., S. 68 ff. — **12** Oskar Panizza: Brief an Gustav Macasy vom 20. Mai 1903, zit. nach Rolf Düsterberg: »›Die gedrukte Freiheit‹. Oskar Panizza und die Zürcher Diskußjonen«, Frankfurt/M. 1988, S. 119. — **13** Panizza: »Imperjalja«, a. a. O., S. 58 und 62. — **14** Ebd., S. 69. — **15** Ebd., S. 35 und 40. — **16** Ebd., S. 93 und 47. — **17** Ebd., S. 38 ff. — **18** Ebd., S. 63, 51, 62 und 92. — **19** Vgl. ausführlicher hierzu Meilicke: »Paranoia und technisches Bild«, a. a. O., insbesondere Kap. 2 »Bildpolitik«, S. 50–70 sowie Dies.: »Destruktion des Porträteffekts. Bildpolitik in Oskar Panizzas ›Imperjalja‹«, https://www.literaturportal-bayern.de/journal?task=lpbblog.default&id=2393. — **20** Zur Momentfotografie vgl. Bernd Weise: »Pressefotografie II. Fortschritte der Fotografie- und Drucktechnik und Veränderungen des Pressemarktes im Deutschen Kaiserreich«, in: »Fotogeschichte« 9 (1989), S. 26–62, S. 27 ff. — **21** Zur Sportfotografie vgl. Bernd Weise: »Pressefotografie I. Die Anfänge in Deutschland, ausgehend von einer Kritik bisheriger Ansätze«, in: »Fotogeschichte« 8 (1989), S. 15–68, S. 26. Die Sportillustrierte »La Vie au grand air« erschien erstmalig am 1. April 1898 in Paris und entwickelte eine neue Ikonografie des gedruckten Bildes. Vgl. Thierry Gervais: »Les premiers magazines illustrés, de la gravure à la photographie (1898–1914)«, in: Dominique Kalifa / Philippe Régnier / Marie-Eve Thérenty / Alain Vaillant (Hg.): »La civilisation du journal. Histoire culturelle et littéraire de la presse française au XIXe siècle«, Paris 2011, S. 453–463, S. 458 ff. Vgl. darüber hinaus Charles Grivel / André Gunthert / Bernd Stiegler (Hg.): »Die Eroberung der Bilder. Photographie in Bild und Presse 1816–1914«, München 2003. — **22** Ebd., S. 142 ff. — **23** Ebd., S. 141 ff. — **24** Ebd., S. 73. — **25** Ebd., S. 143. In gewissem Sinn handelte es sich bei dem Rennen tatsächlich um ein »Pseudo-Ereignis«: Im Jahr 1900 von dem amerikanischen Herausgeber des »New York Herald« James Gordon Bennett Jr. gestiftet, war das Rennen ein von der Presse für die Presse konzipiertes Ereignis. Nach den Autorennen, die 1905 zum letzten Mal stattfanden, stiftete Gordon Bennett Jr. weitere Sportereignisse, darunter einen Ballonwettbewerb, den es bis heute gibt. Vgl. Rudolf Stöber: »Deutsche Pressegeschichte. Einführung, Systematik, Glossar«, Konstanz 2000, S. 195, sowie Carlo Demand und Paul Simsa: »Kühne Männer, tolle Wagen. Die Gordon Bennett-Rennen 1900–1905«, Stuttgart 1987. — **26** Panizza: »Imperjalja«, a. a. O., S. 142. — **27** Das Problem lag darin, Fotografien in Druckvorlagen zu übertragen, die mit den Verfahren des Zeitungsdrucks kompatibel waren. Als eine französische Zeitschrift 1848 erstmals eine Abbildung nach Vorlage einer Daguerreotypie veröffentlichte, übertrug noch ein Graveur diese zeichnerisch in eine Druckvorlage. Weil das umständlich war, suchte man nach fotomechanischen Verfahren der Druckstockherstellung, bis sich ab etwa 1885 die Zinkätzung durchsetzte, eine Erfindung des Münchener Graveurmeisters Georg Meisenbach. Diese kombinierte fotografische, chemische und mechanische Prozesse, um fotografische Vorlagen ohne menschliche Intervention in Druckvorlagen zu übertragen – daher der Name »Autotypie« (auf Deutsch etwa »Selbstdruck«). Dabei wird die fotografische Vorlage mittels eines Rasters auf eine chemisch präparierte Zinkplatte belichtet, die sich durch anschließende Ätzung in einen hochdruckkompatiblen Druckstock verwandelt, welcher in die Druckvorlage einer Zeitungsseite integriert werden kann. Vgl. Gilles Feyel: »Les transformations technologiques de la presse au XIXe siècle«, in: Kalifa / Régnier / Thérenty / Vaillant (Hg.): »La civilisation du journal«, a. a. O., S. 97–139; Dorothea Peters: »Die Welt im Raster. Georg Meisenbach und der lange Weg zur gedruckten Photographie«, in: Alexander Gall (Hg.): »Konstruieren, Kommunizieren, Präsentieren. Bilder von Wissenschaft und Technik«, Göttingen 2007, S. 179–244 sowie Weise: »Pressefotografie I«, a. a. O., und Weise: »Pressefotografie II«, a. a. O. Panizzas Wissen um die Feinheiten fotografischer Reproduktion dürfte mit seinen eigenen Herausgebertätigkeiten in Verbindung stehen. Seit 1897 gab er die Zeitschrift »Zürcher Diskußjonen« heraus. Vgl. Düsterberg: »Die gedrukte Freiheit«, a. a. O. — **28** Vgl. Feyel: »Les transformations technologiques«, a. a. O., S. 136. — **29** Daniel Paul Schreber: »Denkwürdigkeiten eines Nervenkranken«, Berlin 2003 [1903], S. 92 ff. Vgl. auch Eric Santner: »My Own Private Germany. Daniel Paul Schreber's Secret History of Modernity«, Princeton 1996. — **30** Ebd., S. 154 und 163. — **31** Ebd., S. 119 und 123. — **32** Friedrich A. Kittler: »Aufschreibesysteme 1800/1900«, München 2003, S. 361 ff. — **33** Vgl. Christian Kassung / Franz Pichler: »Die Übertragung von Bildern in die Ferne«, in: Albert Kümmel-Schnur / Christian Kassung (Hg.): »Bildtelegraphie. Eine Mediengeschichte in Patenten (1840–1930)«, Bielefeld 2012, S. 101–121, S. 111. Zur Funktionsweise früher bildtelegrafischer Verfahren vgl. Arthur Korn / Bruno Glatzel: »Handbuch der Phototelegraphie und Teleautographie«, Leipzig 1911. — **34** Panizza: »Imperjalja«, a. a. O., S. 144. — **35** Michel Serres: »Der Parasit«, Frankfurt/M. 1987 [1980], S. 120.

Dietmar Schmidt

Ende der Vorstellung

Oskar Panizzas »Das Wachsfigurenkabinet« und die Erfindung des Kinos

In Oskar Panizzas »Das Wachsfigurenkabinet« (1890) entdeckt der Ich-Erzähler auf einem Jahrmarkt in Nürnberg eine Schaubude mit der Aufschrift: »Leiden und Sterben unseres Heilandes Jesu Christi.«[1] Fasziniert und abgestoßen zugleich, wohnt er einer merkwürdigen Aufführung bei. Mithilfe mechanischer Wachsfiguren werden das Abendmahl, die Kreuztragung und die Kreuzigung Christi gezeigt. Dabei verzeichnet der Beobachter dieses Spektakels minutiös die Beschaffenheit der wächsernen Automaten, ihr Aussehen und ihre mechanische Beweglichkeit sowie die technischen Pannen, die sich während der Darbietung ereignen. Zugleich interessieren ihn die Reaktionen des Publikums, das vom Fortgang der Aufführung zunehmend ergriffen wird und sich ereifert. Als die Christus-Figur ans Kreuz geschlagen wird, kommt es zum Tumult, »zu einer förmlichen Rauferei«.[2] Hier interveniert Maria Magdalena, als welche eine lebendige Darstellerin figuriert, die Kassiererin der Schaubude, die nun aus der Rolle fällt: »Meine Herrschaften«, ruft sie, »die Vorstellung ist zu Ende! [...] Dies wirkte. Alle ließen von einander ab.«[3] Während aber das Publikum sich zerstreut, bleiben auf der Bühne die Automaten in Gang. Pilatus wäscht sich fortwährend die Hände, und »von hinten [glänzt] aus dem nun ganz verfinsterten Bühnen-Raum die Christusleiche starr und wächsern hervor«.[4] Um diese merkwürdige Vorstellung geht es, und um das Ereignis, das ihr ein Ende (und doch kein Ende) macht. Panizza reflektiert die Macht von Vorstellungen (im doppelten Sinne des Theatralen und des Imaginären: als Aufführungen und Einbildungen) im Lichte der medialen Bedingungen ihres Ein- und Aussetzens, die im späten 19. Jahrhundert im Zusammenhang der Kinematografie maßgeblich werden.

Erzählen und Beschreiben

Schon im Titel der Erzählung wird ein Medium bezeichnet, das Wachsfigurenkabinett. Es stellt eine Begrenztheit und Künstlichkeit von Darstellung aus, die den Ich-Erzähler zu fesseln scheinen. Einerseits beobachtet er die wächsernen Automaten, ihr Aussehen, ihre Bewegungen und Geräusche. Andererseits aber gilt seine Aufmerksamkeit der Menge, die darauf reagiert.

Es ist, als ob sich Kurzschlüsse zwischen Automaten und Menschen ereignen, sodass sich Bewegungen der einen den anderen mitteilen. Dieser Zusammenhang bildet im »Wachsfigurenkabinet« das größte Rätsel: Wie können die Wachsfiguren, die im Grunde ja lächerlich sind, das Publikum derart affizieren? »Auf einer Estrade [...] befand sich eine große Gruppe dunkler, steifer Gestalten, sitzend, bunt gekleidet [...]. In der Mitte Christus mit einer fein gearbeiteten, blonden Perücke; er hat die größte Ähnlichkeit mit einem englischen Lord, wie man sie bei uns auf dem Theater in komischen Stücken darstellt; [...] die gleiche blasierte Langeweile auf dem regungslosen Gesicht; man erwartet jeden Moment, daß er den Mund zum Gähnen öffnet; der Blick, regungslos blau den Beschauer anstarrend, hat etwas Lammfrommes, Trauriges, Kindlich-Unbewußtes; der bleiche, glatte Unterkiefer ragt etwas vor, und fordert zu Vergleichen mit Repräsentanten aus dem Tierreich auf; der Wachsguß ist etwas zu fettig ausgefallen; man meint Christus schwitze Fett, was nicht zur Heiligkeit beiträgt.«[5]

Immer wieder hebt Panizzas Text das Komödiantische der Wachsfiguren-Darbietung hervor, das sich in der Beschreibung des Ich-Erzählers mit den Defizienzen der Wachsautomaten verknüpft: »Christus streckt mit brünstiger Geberde die beiden lang-gefalteten Hände über den Fisch aus; doch ist es offenbar, er kann zu keiner Verteilung der Brode schreiten, denn beide Hände sind vorn an den Fingerspitzen zusammengepappt.«[6] Jene Wachsfigur, die Johannes darstellen soll, ist durch eine »geheime Konstruktion« befähigt, »die Arme flügelähnlich vom Körper auf und nieder zu heben«.[7] Jede dieser Bewegungen verweist auf den Umstand, dass die Automaten überhaupt in Bewegung zu bringen sind. Es geht um die Aufführung der Beweglichkeit der Wachsfiguren selbst, vor aller Darbietung bestimmter Bewegungen, die etwas erzählen könnten. So ruckartig die Bewegung auch sein mag, und so schnarrend die Stimme auch klingt, so sehr wird hier im Zeichen der Unzulänglichkeit das Auftauchen von Bewegung und Stimme als solches exponiert.

Der Tumult kündigt sich an, indem das Bühnengeschehen zunehmend vom Publikum Besitz ergreift; »tiefe, Entsetzen verratende Atemzüge [werden] hörbar«; jemand schlägt »seinen Mantelkragen hinauf«.[8] Als dann das Kreuzigungsgeschehen beginnt – in einer Umbaupause hat man inzwischen der Christus-Figur einen anderen Kopf aufgeschraubt – dämmern dem Beobachter allmählich die angestauten Aktionspotenziale: »[A]uf Momente hatte ich die Empfindung, das vor Entrüstung fassungslose Publikum möchte [...] irgend Einen [...] ergreifen und als ›Verräter‹ halb tot[]schlagen«.[9] Auch der Budenbesitzer fürchtet, dass die Situation außer Kontrolle geraten könnte: »Ich ersuche das hochverehrliche Publikum [...] keine Schmähungen gegen die weniger beliebten Persönlichkeiten der heiligen Handlung auszustoßen; es ist ja Alles nur von Wachs; es ist ja nur ein Vorgang; das Alles hat ja vor zweitausend Jahren stattgefunden.«[10] Als dann ein Kriegsknecht mit seiner Lanze dem Christus in die Seite sticht und sich Theaterblut ergießt, entsteht jener Tumult, den erst Maria Magdalena mit ihrem Ruf unterbricht: »Meine Herrschaften, die Vorstellung ist zu Ende!«

Der Ich-Erzähler ist von dem, was er beobachtet, zutiefst befremdet. So genau er die Verrichtungen anderer Leute festhält, so sehr verschließen sich ihm die verrückten Intentionen und Reglements, denen sie folgen. Daher gerät seine Rede aus den Fugen; sie ergibt keine geordnete Erzählung, keinen *Plot*, der sinnvoll und in sich geschlossen wäre, sondern akkumuliert eine verstreute Menge deskriptiver Details. Es dominieren Beschreibungen. Der Text ist durchsetzt mit Hypothesen, die aber keinen Sinn in das Geschehen hineindeuten können, sondern vielmehr anzeigen, dass das Vorstellungsvermögen des Beobachters überschritten ist.

Von einem Ende der Vorstellung kann zweifach die Rede sein: einerseits in dem Sinne, dass eine Aufführung, eine Darbietung oder ein Zeremoniell abgebrochen wird. Dies ist der Fall, wenn Maria Magdalena im Wachsfigurenkabinett das Ende der Vorstellung ausruft, um der Prügelei der Zuschauer Einhalt zu gebieten. Andererseits aber ist mit dem Ende der Vorstellung die Begrenztheit der Fantasie bezeichnet, das Aussetzen einer Imagination, die einer Darbietung nicht mehr zu folgen vermag. Panizzas Erzählung setzt dort ein, wo Sachverhalte oder Geschehnisse nicht mehr in die Vorstellung eingehen. Eine besondere Form der Empirie entsteht, die sich in den Realitätseffekten unabschließbarer Beschreibungen und Auflistungen ergeht.

Gewöhnlich stehen Beschreibungen dem Fortkommen einer Geschichte im Weg. Sie verharren beim bedeutungslosen Detail, stauen den Fluss des Erzählens. In seinem berühmten Essay zum *effet de réel* hat Roland Barthes aus dieser Beobachtung seine Theorie des realistischen Schreibens entwickelt. Wenn die Details von Beschreibungen für den Fortgang der Narration funktionslos sind, was ist dann, so fragt Barthes, die Bedeutung dieser Bedeutungslosigkeit? Sie besteht in nichts anderem als in dem Eindruck des Wirklichen selbst, in der Erzeugung eines »Wirklichkeitseffekts«.[11] Auch in Panizzas Text durchkreuzen Einzelheiten von Beschreibungen das Erzählen – aber zugleich befeuern sie das Geschehen. Das Detail tendiert dazu, ein Vorfall zu sein, eine Inspiration. In dem, was zu sehen und zu beschreiben ist, knistern gleichsam Ereignisse, sodass das Ganze in Bewegung gerät, sich verändert und verkehrt. Auf dem Feld des Realismus, das Barthes in der Literatur des 19. Jahrhundert erkennt – in den Verfahren der Deskription – stößt Panizza auf Eindrücke des Wirklichen, die verstören und überwältigen. Mit Lust und Entsetzen entdeckt er eine Maschinerie der Hervorbringung von Wirklichkeitseffekten, die kaum mehr beherrschbar ist, weil mit ihr beständig Vorstellungszwänge in Wirkliches kippen und Wirkliches in Zwangsvorstellungen kippt. Diese Maschinerie aber wird das Kino sein.

Genie und Panik

Zwangsvorstellungen und Vorstellungszwänge sind im Schreiben des ausgebildeten Psychiaters Panizza prominent. Doch seine oft satirische Auseinandersetzung mit psychiatrischem Wissen[12] und die Affirmation psychischer Abweichungen[13] lassen keinen Zweifel daran, dass die Tragweite der Zusammenhänge von ›Vorstellung‹ und ›Zwang‹ über dieses Wissen hinausführt. In seinen Texten entfaltet sich ein Wissen eigener Art – davon, was es heißt, unter der Herrschaft bestimmter Vorstellungen zu stehen, und von den Möglichkeiten (und der Unmöglichkeit), ihr zu entgehen.

Nicht nur im »Wachsfigurenkabinet« hat Panizza für die Teilhabe vieler am Zwang und an der Befreiung von ihm großartige Beispiele gefunden. So findet sich in seinen Texten häufig ein Ich-Erzähler, der auf Reisen ist und so Gelegenheit erhält, zu beobachten, wie sich Menschen unverständlich benehmen. Immer wieder ist dieses Ich Zeuge von Einbildungen, die anderen widerfahren: individuelle und, häufiger noch, kollektive Phantasmen, die seltsame Übereinkünfte stiften, von denen er ausgeschlossen ist, und die in eine Art Ritus münden, der ihm sinnlos erscheint.[14]

Besonders prägnant stehen Zwangslage und befreiendes Handeln in der folgenden Szene vor Augen, die Panizza in seinem Text »Genie und Wahnsinn« schildert: »Nehmen Sie an, hier in diesem Saale nähmen Temperatur und Hitze-Grade plötzlich in gefahrdrohender Weise überhand; durch irgend ein elementares Ereignis, wie Platzen eines Heiz-Rohres, nähme die Atmosphäre innerhalb kurzer Zeit einen Charakter an, ähnlich wie in jenem ›schwarzen Loch‹ in Calcutta, wo bei dem großen indischen Aufstande mehrere hundert englische Männer und Frauen von den Aufständischen eingeschlossen in einem engen Raum nur durch den Abschluß der äußeren Luft erstickten; lassen Sie mich auch die Bedingungen in soweit construiren, daß als einziger Ausgang jene große Mittelthüre existirte, die aber, nach innen aufgehend, durch die herausdrängende Menschenmenge blockirt, nicht geöffnet werden könnte; und nehmen Sie an, im Moment der höchsten Gefahr, nähme Jemand sein Bierkrügl und würfe damit eine jener großen, hochgelegenen […] Glasscheiben ein, und rettete so, mit dem Eindringen der frischen Außenluft, die Situation, – so wäre das ein genialer Einfall; unter der Bedingung, daß dieser Wurf nicht das Resultat einer in der allgemeinen Verwirrung unmöglichen Discussion, sondern, daß der Betreffende das Bild des gegen die Fensterscheibe fliegenden Krügls, das Splittern der getroffenen Scheibe, das wirbelnde Hereinstürzen der kalten Luft […] in rascher Reihenfolge vor seinem inneren Auge vorüberziehen sähe, und, wie von einem plötzlichen Impuls gepackt, das Gesehene ausführte.«[15] Es gibt in dieser Szene ein doppeltes Ereignis, genauer: einen doppelten Zwang, wobei der zweite den ersten unterbricht. Einerseits evoziert die plötzliche

Bedrohung eine zwanghafte kollektive Vorstellung, die sich, unmittelbar in Handeln umgesetzt, als Wahnidee erweist, durch welche die Gefahr noch erheblich gesteigert wird. Andererseits aber wird der Bann dieses Wahns gebrochen und das Ende dieser Vorstellung herbeigeführt, indem eine andere Vorstellung, die unausweichlich wie die erste als ein »plötzliche[r] Impuls« hereinbricht, ein rettendes Handeln ermöglicht. Panik und Geistesblitz, die eine der Menge, der andere dem Individuum zugeordnet, sind einander verblüffend ähnlich. Beide haben die Form der Eingebung, beide werden ›ausgelöst‹. Sie haben keinen Bezug zur ›Wahrheit‹, da sie in keiner Weise auf ›Erkennen‹ beruhen. Es handelt sich um »*Zwangs-Gedanke[n]*«[16] externer Herkunft.

Diese Szene eines sowohl in seinen gefährdenden wie auch in seinen rettenden Momenten fremdbestimmten Vorstellens und Handelns ist äußerst beziehungsreich. So setzt die beiläufige Erwähnung der Ereignisse von 1756 in Kalkutta, als englische Kriegsgefangene gemeinsam in ein enges Kerkerloch eingepfercht wurden und mehrheitlich ums Leben kamen, die erdachte Szene zu einer Dimension des Politischen in Analogie.[17] Die Geschehnisse um das sogenannte *Black Hole* sind vor allem propagandistisch im Gedächtnis geblieben, im grellen Licht der Kontrastierung von europäischer ›Zivilisation‹ und asiatischer ›Barbarei‹ und haben dergestalt zur Rechtfertigung des Kolonialismus gedient. Mit Panizzas Interesse an Zwangsvorstellungen wird diese ideologische Eindeutigkeit konterkariert. Zugleich wird ein Effekt grotesken Horrors erzielt. Denn in Kalkutta waren es die Leichen, die die Tür des Kellerlochs blockierten und so verhinderten, dass sie geöffnet werden konnte. Zu diesen Leichen also werden diejenigen, die in der erdachten Szene aus dem Saal zu flüchten versuchen und dadurch den Ausgang versperren, in Beziehung gesetzt. Der Macht zwanghafter Vorstellungen korrespondiert hier die Leblosigkeit derer, die von ihnen bestimmt sind.

Koinzidierend mit dieser zombiehaften Mechanik tritt zugleich die Figur des Genies hervor. Panizza sieht einen Zusammenhang zwischen dem »geniale[n] Einfall« des rettenden Bierkrüglwurfs und den Ausprägungen künstlerischer Genialität, insofern auch hier Eingebung und mechanisches Verhalten einander begleiten. Mozart etwa sei bei allem, was er tat, »beim Kegeln, beim Essen, beim Billard-Spielen«, fortwährend »innerlich musikalisch beschäftigt« gewesen: »[S]ummend und brummend folgte er […] inneren Anregungen«. Er habe eine regelrechte Technik daraus entwickelt, »mechanische Beschäftigungen, wie Kegeln, Reiten […] auf[zusuchen], weil dann dieses innere Produciren glatter von Statten ging«.[18] »[Ä]ußeres mechanisches Hantiren« fungiere »als Aequivalent für den inneren Prozeß«.[19] Zugleich sei Mozart aber nicht mehr imstande gewesen, beim Essen sein Fleisch zu zerschneiden, weil dies ein höheres Maß an Aufmerksamkeit erforderte. Der für das späte 19. Jahrhundert charakteristische Aufmerksamkeitsdiskurs,[20] an den Panizza anschließt, wird hier in der Beobachtung einer »Doppelpersönlichkeit«[21] pointiert: Durch Zerstreuung von Aufmerksamkeit in bewusstlosen, automatisierten Verrichtungen wird die Empfänglichkeit für Geistesblitze und neuartige Einsichten gesteigert. Zerstreuung ist kein Gegensatz zur Konzentration, sondern bringt diese hervor – aufgeteilt auf verschiedene ›Persönlichkeiten‹.

Was unter dem Begriff des ›Genies‹ herkömmlich verstanden worden ist, wird bei Panizza zwar herabgesetzt, jedoch zugleich reformuliert. Dabei gibt er sich mit der Alternative bewusstlosen automatisierten Denkens und Handelns auf der einen und gesteigerter Wahrnehmung ästhetischer Objekte auf der anderen Seite, wie ihn 20 Jahre später der Russische Formalismus im Rahmen von Viktor Šklovskijs Theorie der Verfremdung[22] entworfen hat, nicht zufrieden. Der entscheidende Unterschied besteht darin, dass Verfahren der Verfremdung die Automatismen der Gewohnheit unterbrechen sollen, um eine ›Wirklichkeit‹ äußerer Gegenstände zur Geltung zu bringen, während in der von Panizza entworfenen Szene die erste automatisierte Folge von Handlungen durch Auslösung einer zweiten gestoppt wird. Es geht schlicht darum, welcher der infrage stehenden Auslösevorgänge sich zuletzt durchsetzt. Ob der Impuls von außen kommt (das defekte Heizungsrohr) oder von innen (die geniale Eingebung) ist letztlich für die Durchsetzungschancen von Automatismen ohne Belang. Verrichtungen wie das Kegeln Mozarts, Billardspielen, Reiten können sich zu den Eingebungen, die die Auslösung bewirken, rein arbiträr verhalten. Diese Indifferenz der Vorstellungs- und Handlungszwänge in Relation zu ihrer Herkunft lassen ein Kippmoment entstehen, das in Panizzas Texten vielfach verhandelt wird: Jederzeit können die Zwänge, so sehr sie auch vorstellungsimmanent entstanden sein mögen, für äußere Wirklichkeit gehalten oder als solche festgeschrieben werden. Verfolgungswahn oder Verschwörungsglaube sind Beispiele für einen solchen Umschlag ins vermeintlich Reale. Sie betreffen nicht nur Individuen, sondern können auch Kollektive erfassen. An solche im weiteren Sinne politischen Zusammenhänge knüpfen etwa Panizzas volkskundliche Arbeiten, nicht zuletzt auch seine religionskritischen Texte an. Ästhetische Praktiken, vor allem Praktiken des Schreibens, sind bei ihm berufen, solchen Vorstellungen ein Ende zu bereiten – aber ohne je selbst gegen diesen Kippmoment gefeit zu sein.

Die von Panizza entworfene Szene enthält einen weiteren wichtigen Hinweis. Der »geniale Einfall« präsentiert sich nämlich in spezifischer Form. Der Werfer des Bierkrugs sieht Bilder »in rascher Reihenfolge vor seinem inneren Auge vorüberziehen«, bevor er, »von einem plötzlichen Impuls gepackt, das Gesehene ausführt[]«.[23] Diese Beschaffenheit der Eingebung, mit welcher sich eine beschleunigte Bildsequenz zu einer Handlung, einem Geschehen zusammenfügt, weist die ›Vision‹ um die es hier geht, einem historisch bestimmten Wahrnehmungsdispositiv zu: der Kinematografie. Inspiration ereignet sich keineswegs in zeitloser Ausprägung, sondern gerade so, wie sich in den neuen visuellen Medien des späten 19. Jahrhunderts Sinneswahrnehmung organisiert.

Anfang des Kinos

Das Ende der Vorstellung ist im »Wachsfigurenkabinet« nicht ein Moment, ein bestimmter Zeitpunkt, in dem der Vorhang fällt, sondern dieses Ende wird fortwährend exponiert, in allen komödiantischen Aspekten, im Zwischenruf des Budenbesitzers, dass »ja Alles nur von Wachs« sei, und schließlich durch Maria Magdalena, die aus ihrer Rolle fällt. Schon der Tod Christi hätte das Ende der Vorstellung bedeuten sollen: das Ende der Aufführung, die der historische Jesus gegeben, aber auch das Ende der Fantasien, in denen er sich ergangen hat. Stattdessen aber dauern die Aufführung und die Fantasien fort. Panizzas Text exponiert die Theatralität als Medium, er beginnt dort, wo das Medium des Theatralen zu sich selbst gelangt, wo es sich der Darstellungen und Erzählungen, der Charaktere und der Handlung weitgehend entledigt hat, um dem bloßen Auftauchen und Verschwinden von Figuren und Stimmen Raum zu geben. Man kann dies als einen Akt der Häresie begreifen, sofern die Gestalten und Geschichten der Heiligen, wenn sie dem Medium der Theatralität überantwortet sind, notwendig aufs Spiel gesetzt werden. Man kann darin aber auch eine mediale Zäsur erkennen, eine Transformation des Mediums selbst.

Panizza arbeitet an einer medialen Konstellation, die etwas zeigt und zu sehen gibt, aber zugleich jede Einbildung, die sich daran knüpfen könnte, relativiert. Wie diese Art der Wahrnehmung funktioniert, hat er klar benannt: »[M]ein Inneres arbeitete wie ein photographischer Schnellapparat, um alles, was sich mir darbot, aufzunehmen«.[24]

Was ist ein »photographischer Schnellapparat«? Panizza kannte Eadweard Muybridges Bewegungsfotografien, mit denen dieser die Bewegungsabläufe tierischer und menschlicher Körper dokumentierte.[25] Aber Muybridge arbeitete mit einer Serie hintereinandergeschalteter Kameras, die in kurzen Abständen ausgelöst wurden. Ein fotografischer Schnellapparat hingegen würde diese Vielzahl an Kameras in eine einzige Vorrichtung integrieren. Mit anderen Worten: Panizza spricht vom Film – auch wenn es ihn noch gar nicht gibt, weil die ersten Filme 1895, fünf Jahre nach Erscheinen der Erzählung, zu sehen sind. Vorzeitig wird mit den Mitteln der Literatur eine Systemstelle markiert, die der Film künftig einnimmt.

Der frühe Film zeigt ein einmaliges Geschehen: Er gibt genau das zu sehen, was sich im Moment der Aufnahme ereignet hat, und führt vor, dass er imstande ist, es als ein Spiel von Helligkeit und Dunkel zu reproduzieren. Im Kino der ersten Jahre geht es um das Ereignis des kinematografischen Apparates selbst. Das Entscheidende am frühen Kino war nicht, dass die Bilder laufen lernten, sondern dass die Zuschauenden verlernten, nach dem Sichtbaren zu greifen.[26] Das ist genau das, was die Leute in Panizzas »Wachsfigurenkabinet« noch nicht beherrschen: nicht nach dem zu greifen, was sie sehen, sondern wahrzunehmen, dass das Sichtbare ein technisch hervorgebrachter Wirklichkeitseffekt ist. Das »Ende der Vorstellung« im Sinne Panizzas ist dem Kino strukturell inhärent. Und mehr noch: Das Kino der Attraktionen,[27] das ebenso wie die Wachsfiguren auf den Jahrmärkten gezeigt wurde, hat den Wachsfigurenkabinetten selbst ein Ende bereitet und sich an ihre Stelle gesetzt. Es ist ein Medium der freigesetzten Bilder, das sich auf diese Weise konstituiert. Die Bilder sind herausgelöst aus der Sphäre des Sakralen; sie sind getrennt von kultischen Zusammenhängen und von den Wiederholungen des Rituals; und schließlich fallen sie sogar aus den kohärenten Erzählungen heraus. Die Bilder sind entlassen aus dem kulturellen Gedächtnis: Das ist es, was Panizza mit dem Ende der Vorstellung meint. Dem Beobachter vergeht Hören und Sehen. Er kann nicht mehr glauben und kann sich nicht mehr vorstellen, was er wahrnimmt. Die Vorstellungszwänge werden ausgesetzt. Das Band zwischen dem, was Bedeutung hat, und dem, was wiederholt wird, wird durchtrennt, indem alles wie zum ersten Mal zu sehen ist. Es ist diese Durchtrennung, die Panizzas Texten als ästhetisches Interventionsmodell vorschwebt.

Zugleich aber bleibt jede ästhetische Intervention ambivalent. Es gibt keine verbindliche Agenda des ›Wirklichen‹, der Illusion ist nicht zu entkommen. Die Ausrufung des Endes der Vorstellung bezieht sich im »Wachsfigurenkabinet« nicht zuletzt auf ein Geschäftsmodell. Auf einem anderen Jahrmarkt (oder in einem anderen medialen Zusammenhang) wird die Vorstellung erneut beginnen. Die Figuren aus Wachs, diesem »*liturgische[n] Leib*«,[28] treiben immer erneut ihr unheimliches Spiel. Dies ist die Vorstellung, die den Erzähler bewegt: eine auf Dauer gestellte Beunruhigung, in der das Wissen von den Vorgängen der eigenen Illusionsbildung jederzeit in ein vermeintliches Wissen des ›Wirklichen‹ kippen und so eine neue Szene kollektiven Verhaltens, einen phantasmatischen Rahmen des Politischen hervorbringen kann.

1 Oskar Panizza: »Das Wachsfigurenkabinet«, in: Ders.: »Werke«, hg. von Günther Emig und Peter Staengle, Niederstetten 2019, Bd. 2: »Dämmrungsstücke. Vier Erzählungen« (Nachwort von Claudia Lieb), S. 9–40, S. 9. — 2 Ebd., S. 38. — 3 Ebd., S. 39. — 4 Ebd., S. 40. — 5 Ebd., S. 10–12. — 6 Ebd., S. 12. — 7 Ebd., S. 19. — 8 Ebd., S. 17. — 9 Ebd.,

S. 27. — **10** Ebd., S. 34. — **11** Roland Barthes: »Der Wirklichkeitseffekt«, in: Ders.: »Das Rauschen der Sprache. Kritische Essays IV«, Frankfurt/M. 2006, S. 164–172. — **12** Vgl. Oskar Panizza: »Psychopathia criminalis«, in: Ders.: »Werke«, hg. von Günther Emig und Peter Staengle, Niederstetten 2021, Bd. 9: »Nero. Tragödie in fünf Aufzügen. Psichopathia criminalis. Parisjana. Deutsche Verse aus Paris« (Nachwort von Hans Richard Brittnacher), S. 137–195 — **13** Vgl. Oskar Panizza: »Genie und Wahnsinn«, in: Ders.: »Werke«, hg. von Günther Emig und Peter Staengle, Niederstetten 2020, Bd. 3: »Genie und Wahnsinn. Aus dem Tagebuch eines Hundes. Die unbefleckte Empfängnis der Päpste« (Nachwort von Joela Jacobs), S. 5–48. — **14** Man lese etwa die Schilderung, die Panizza von einem Spaziergang zu der auf dem Nikolausberg bei Würzburg gelegenen Wallfahrtskirche gegeben hat, bei dem ihm eine Gruppe von Pilgerinnen begegnete. Oskar Panizza: »Der teutsche Michel und der römische Papst. Altes und Neues aus dem Kampfe des Teutschtums gegen römisch-wälsche Überlistung und Bevormundung in 666 Tesen und Zitaten«, Leipzig 1894, S. 36–38. — **15** Panizza: »Genie und Wahnsinn«, a. a. O., S. 12 f. — **16** Oskar Panizza: »Der Illusionismus und Die Rettung der Persönlichkeit«, in: Ders.: »Werke«, hg. von Günther Emig und Peter Staengle, Niederstetten 2021, Bd. 7: »Der Illusionismus und Die Rettung der Persönlichkeit. Ein guter Kerl. Abschied von München. Dialoge im Geiste Hutten's« (Nachwort von Damir Smiljanić), S. 5–74, S. 19. — **17** Zur Geschichte des ›Black Hole‹, die im britischen Kolonialgedächtnis geradezu mythisch überhöht wurde, vgl. Marian Füssel: »Der Preis des Ruhms. Eine Weltgeschichte des Siebenjährigen Krieges«, München 2019. — **18** Panizza: »Genie und Wahnsinn«, a. a. O., S. 37. — **19** Ebd., S. 38. — **20** Vgl. Jonathan Crary: »Aufmerksamkeit. Wahrnehmung und moderne Kultur«, Frankfurt/M. 2002. — **21** Panizza: »Genie und Wahnsinn«, a. a. O., S. 37. — **22** Vgl. Viktor Šklovskij: »Kunst als Verfahren«, in: Jurij Striedter (Hg.): »Russischer Formalismus. Texte zur allgemeinen Literaturtheorie und zur Theorie der Prosa«, München 1994, S. 2–35. — **23** Panizza: »Genie und Wahnsinn«, a. a. O., S. 12 f. — **24** Panizza: »Der teutsche Michel und der römische Papst«, a. a. O., S. 37. — **25** Vgl. Oskar Panizza: »Mister Muybridge's Moment-Aufnahmen – und die Kunst«, in: »Moderne Blätter. Wochenschrift der Gesellschaft für modernes Leben«, 1/9 (1891), S. 1–3. — **26** Vgl. Thomas Elsaesser: »Filmgeschichte und frühes Kino. Archäologie eines Medienwandels«, München 2002, S. 74 f. — **27** Vgl. Tom Gunning: »The Cinema of Attraction[s]. Early Film, Its Spectator and the Avant-Garde«, in: Wanda Strauven (Hg.): »The Cinema of Attraction Reloaded«, Amsterdam 2006, S. 381–388. — **28** Georges Didi-Huberman: »Fleisch aus Wachs: Circuli vitiosi«, in: »Encyclopaedia Anatomica. Vollständige Sammlung anatomischer Wachse«, Köln 1999, S. 75–86, S. 81 f.: »Bei der Messe wird es in Gestalt des *Agnus Dei* berührt und geküßt; in Gestalt der Kerzen […] brennt es und wird unendlich. Es wird modelliert und ausgestellt in all den verschiedenen Arten von Andachtspuppen oder Krippenfigürchen. […] Seine textürliche Analogie zum Fleisch ([in Hinsicht auf] Dichte, Beschaffenheit, Farbe, Glanz …) ist so groß, daß es schließlich als organische Reliquie dient […]. In diesen unerschöpflichen liturgischen Inszenierungen wird das allgegenwärtige Wachs somit zu einem Artefakt des Fleisches, ein Artefakt, dessen symbolische Macht die Auferstehung des Fleisches glaubhaft machen soll. Aus diesem Grund […] stehen in so vielen Kirchen die *Wachsantlitze* der Heiligenbilder für die *wächsernen Antlitze* wirklicher Leichname, die als auf wundersame Weise unverwest erscheinen sollen.«

Bastian Lasse

Sexualität im Werk Oskar Panizzas

Ein Mordfall im Rotlichtmilieu erregte 1891 im Deutschen Kaiserreich das Aufsehen der Presse. Angesichts der zutage tretenden Details verkündete der Kaiser, dass »das Zuhälterthum neben einer ausgedehnten Prostitution [...] sich zu einer gemeinen Gefahr für Staat und Gesellschaft entwickelt hat.«[1] Außereheliche Sexualität wurde als ›Unzucht‹ bereits strafrechtlich verfolgt, um das abstrakte Rechtsgut der Sittlichkeit zu schützen.[2] Doch erst mit der Verlautbarung des Kaisers war die Diskussion um die sogenannte *Lex Heinze* geboren, mit der konservative Akteure eine umfassende Zensur ›unsittlicher‹ Werke gesetzlich verankern wollten.[3] Wenn auch die konzentrierte Intervention von Intellektuellen am Anfang des 20. Jahrhunderts bewirkte, dass der Gesetzesentwurf entschärft und damit die Kunstfreiheit bewahrt wurde, war der unterliegende Kulturkampf gegen die Unsittlichkeit in der Periode zwischen 1890 und 1914 in einer Hochphase. Neben dem Politikum *Lex Heinze* zeigten auch andere Debatten wie die um die Dekriminalisierung von Homosexualität, dass staatliche Biopolitik im Kaiserreich als Sexualpolitik zu verstehen war.[4]

Hiergegen aufzubegehren, wurde im Kunstsektor hart bestraft, wie Oskar Panizza mehrfach erfuhr. »Das Verbrechen in Tavistock-Square« (1891), ein Text über masturbierende Pflanzen, zog eine Anklage wegen Verbrechen wider die Sittlichkeit nach sich, während »Das Liebeskonzil« (1894) den größten Literaturskandal seiner Zeit verursachte und Panizza eine Haftstrafe einbrachte.[5] Sexualpolitik war auch Thema seines journalistischen Schaffens, und angeregt durch die Tiraden des Kaisers arbeitete er 1892 in einem Aufsatz heraus, dass eine repressive Haltung zur Prostitution seit jeher Syphilis-Fälle vervielfache.[6] Für den sozialkritischen Beobachter stand fest: »Moral und Prostitution haben nichts miteinander zu thun.«[7] Trotzdem werde der Staat als Sittenwächter nicht von der Regulierung der Sexualität seiner Bürger:innen ablassen, »weil er sich noch zu stark als moralische Persönlichkeit fühlt, und darin von den Empfindungen eines großen Teils seiner Bürger getragen wird.«[8]

Die Prostitution stellte im Kaiserreich in den Augen politischer Akteur:innen eine »gemeine[] Gefahr für Staat und Gesellschaft«[9] dar, weil eine rigide Sexualmoral und die Trennung zwischen reproduktiver Sexualität und »Perversität«[10] das Fundament der bürgerlichen Gesellschaft bildete. Die bereits in den 1840er Jahren durch die Scheidungsreform erfolgte Kodifikation der patriarchalisch-bürgerlichen Ehe als Institution sittlicher Ordnung knüpfte die Erhaltung der moralischen Kultur an die Familie,[11] wie etwa dieser paradigmatische Lexikonartikel zeigt: »Hierzu nun nimmt die menschliche Liebe, Geschlechtsverbindung und Fortpflanzung die humane, sittliche Gestalt an, und dieses ist die wahre, die unaufloesliche eheliche Liebe und Verbindung, die sittliche Familie und die Familienerziehung.«[12] Die Erfindung der Geschlechtscharaktere, deren polare Struktur die Unterschiede der Geschlechter naturalisierte, legitimierte darüber hinaus mittelbar einen patriarchalischen Familienbegriff.[13] Der Psychiater Richard von Krafft-Ebing delegierte die Verteidigung der Sittlichkeit 1886 programmatisch als Aufgabe an den Staat:[14] »Insofern die Erhaltung von Zucht und Sitte eine der wichtigsten Existenzbedingungen für das staatliche Gemeinwesen ist, kann der Staat kaum genug thun als Hüter der Sittlichkeit in dem Kampf gegen die Sinnlichkeit.«[15] Die Vorstellung, dass die Prostitution, anders als die Ehe, unsittlich sei und darum bekämpft werden müsse, war dagegen für Panizza eine »auswendig gelernte Antwort des Moral-Kodex«.[16] Der Staat reguliere Sexualität durch die »künstliche Institution« der Ehe,[17] und Sittenreiterei sei mithin ein Akt staatlicher Biopolitik: »Für Staat, Gesellschaft und Zivilisation ist die Ehe unentbehrlich. Aber die Geschädigte ist die Natur.«[18]

Panizzas Ausführungen zur ›Natur‹ der Geschlechter zeigen, dass sein Blick auf die Prostitution trotz seiner politischen Machtkritik von einem androzentrischen Weltbild geprägt war. Er war Teil einer im 19. Jahrhundert kultivierten Theorietradition, »die Prostitution gleichermaßen als Vorrecht der Männer wie als Instrument für ihre gesellschaftliche Disziplinierung funktionalisierte«.[19] Für Panizza stand außer Frage, dass Sexualität ein Naturtrieb sei, der nur durch eine Zunahme des »Freudenmädchen-Wesen[s]« gestillt werden könne.[20] Der Formel »Biologie und Bestimmung«[21] folgend, argumentierte er, dass die sexuelle Ausbeutung durch Männer dem ›Wesen‹ ›der Frauen‹ entspräche. Obwohl Panizza die polarisierte Geschlechterordnung des 19. Jahrhunderts nicht infrage stellte, vertrat er liberale Vorstellungen von Sexualität, wie etwa sein Lob der von Abolitionist:innen geforderten »Gleichstellung des Weibes mit dem Mann hinsichtlich außerehelicher geschlechtlicher Beziehungen«[22] zeigt.[23]

Sexualität ist auch Gegenstand der 1893 erschienenen Erzählung »Ein criminelles Geschlecht«. Ihr Ich-Erzähler berichtet von zwei Gesprächen mit einem befreundeten Kriminalkommissar, der mit der Untersuchung einer »criminellen Vereinigung«[24] in Straßburg betraut ist. Der Kommissar kann den Sachverhalt zwar annäherungsweise versprachlichen, aber die von ihm ausgearbeitete »Terminologie dieses neuen Verbrechens«[25] bringt nur eine deutliche Information hervor: »de[r] glatte[] Vollzug der vom Staat gestatteten Privatverbindung zweier Personen in der sogenannten Ehe«[26] wird von den Kriminellen verhindert. Die aufzuklärende Straftat lautet demnach: Verbrechen wider die Sittlichkeit. Ein Zeitungsartikel über die Verhaftung und Abschiebung französischer »Dirnen« bringt eine vermeintlich eindeutige Lösung und trotzdem bleibt es für den Kommissar unmöglich, das ›Verbrechen‹ zu benennen. Ganz im Gegenteil verlautbart er: »ich will mich nicht weiter ausdrücken.‹ –«[27]

Angesichts des Schweigens lassen sich die diversen Umschreibungen des ›Verbrechens‹ nicht so reibungslos mit dem Straßburger Prostitutionswesen erklären.[28] Daraufhin befragt, was denn die Delinquent:innen fabrizierten, stellt der Kommissar klar: »Es gehen einige Blicke vorher, einige Gesticulationen, […] dummes Gepappel, – und dann ist es geschehen. […] Der Andere ist dann so gut wie bezaubert, und muß sich willenlos der Vergiftung stellen! […] Die Leute verbinden mit dem Ganzen eine Art Cultus, eine Art Religion; – ein nie vorher dagewesener Enthusiasmus durchglüht ihre Brust; sie sprechen unhaltbare Schwüre aus, […] entziehen sich ihren einfachsten Verpflichtungen, und geben sich oft den Tod!«[29] Der Kommissar beobachtet verliebte Menschen, wie die toposhaften, an Goethes »Werther«, die verklärte Liebe der Romantik und an das Gestammel Frischverliebter erinnernden Liebesformeln zeigen. Warum wird diese Beobachtung zum Anlass, von einem »criminellen Geschlecht« zu sprechen?

Michel Foucault hat erklärt, dass der revolutionäre Kern von menschlichen Beziehungen in dem Potenzial liegt, von Institutionalisierungen befreite Zusammenschlüsse zu bilden. Liebe(n) wird dabei für Foucault zum radikalen Widerstand gegen die staatliche Biopolitik, die in seinen Institutionen ihren Ausdruck findet. Im Jahr 1981, als Foucault diese Gedanken in einem Interview mit dem Magazin »Gai Pied« äußerte, versinnbildlichte diese Möglichkeit das homosexuelle Paar: »Nicht dass es zu sexuellen Handlungen kommt, die nicht dem Gesetz oder der Natur entsprechen, beunruhigt die Leute, sondern dass diese Menschen beginnen, einander zu lieben. […] Die Gesetze der Institutionen können diese Beziehungen mit ihren vielfältigen Intensitäten, ihren veränderlichen Formen […] nicht gutheißen. Diese Beziehungen, die für einen Kurzschluss sorgen und Liebe einführen, wo eigentlich Gesetz, Regel und Gewohnheit herrschen sollten.«[30]

Das Gesetz in Panizzas Geschichte verliert sich in einer paranoiden Suche nach einem unbenannten und nicht kategorisierbaren Verbrechen, weil jeder Akt der Liebe einen Verstoß gegen die Idee des Staates an sich hervorbringen könnte. Selbst die polare Geschlechterteilung verliert gegenüber solchem Ungehorsam an Bedeutung, weil die Liebe zwar vom Körper ausgehen kann, sich aber nicht darin erschöpft. Der Kommissar stellt darum lapidar fest, dass die Geschlechtereinteilung auf der Basis verschiedener Genitalien arbiträr sei: »Mir ist es überhaupt unerfindlich, wie man wegen eines winzigen Anhängsels solch generelle Unterschiede aufstellen kann, und die Menschheit in die Zwangsjacke von Unterrock und Hose einschnüren mag.«[31] Das eigentliche Verbrechen ist nicht die in Straßburg unregulierte Sexualität, sondern die stille Revolte gegen die staatliche Biopolitik an sich. Weil Menschen lieben können und dadurch eine Lebensform existiert, die sich der staatlichen Regulation entzieht, wird die Menschheit für den Kommissar ein »criminelles Geschlecht«.

Um ein Genital, oder »winzige[s] Anhängsel[]« geht es auch in Panizzas »Ein skandalöser Fall« von 1893.[32] In dieser Erzählung berichten die Mädchen eines französischen Internats dem Direktor von einer angeblichen Affäre zweier Mitschüler:innen, Henriette und Alexina. Besagter Direktor, der Abbé, führt mehrere erfolglose Befragungen in inquisitorischer Manier durch. Unterdessen verbreitet sich das Gerücht, Alexina habe in der Gestalt des Teufels Henriette vergewaltigt und die Bewohner:innen des Dorfs Beauregard drohen daraufhin, das Internat zu stürmen. Erst die Untersuchung eines Arztes, Dr. Duval, beruhigt die Situation. Er soll Alexina auf Teufelszeichen untersuchen, entdeckt jedoch ein Stigma anderer Natur: einen Penis. Gutachtlich bescheinigt er, Alexina sei ein »*männlicher Zwitter*«.[33]

Panizza hat nicht abseits jeder Realität fabuliert. Er kannte die erstmals im Jahre 1872 vom französischen Rechtsmediziner Auguste Ambroise Tardieu abgedruckte Autobiografie Herculine-Adelaide Barbins, die sich selbst Alexina nannte. Etwa 100 Jahre später gab Michel Foucault die Autobiografie zusammen mit Panizzas Geschichte heraus.[34] Foucault nennt Panizzas Alexina eine »Schattenfigur ohne Identität«, die aus den Projektionen der anderen Figuren entworfen werde.[35] Eine solche Lesart lässt sich am Abbé studieren. Alle seine Befragungen konzentrieren sich umgehend auf die sinnliche Seite der Beziehung zwischen Alexina und Henriette und er weigert sich zu akzeptieren, dass die gemeldeten Berührungen als unbedeutend gelten könnten. Zur Aufhellung der Vorkommnisse studiert er stattdessen die Artikel »Sappho«, »Lesbos« und »Tribade« aus einem Kirchenlexikon.[36]

Den Artikel zu lesbischen Sexualpraktiken, so deutet es die Erzählung durch ein Auslassungszeichen an, nimmt der Geistliche zur Selbstbefriedigung auf ein Tigerfell mit.[37] Das obsessive Interesse an dem »Schmeichel-Verkehr[]«[38] der Mädchen wird durch die erotische Lektüre und die sexuellen Fantasien des Abbé gelenkt. Trotzdem gelingt es Alexina kurzzeitig, die Beziehung zu Henriette als christlich-freundschaftlich auszugeben. Zumindest so lange, bis die Korrespondenz der Mädchen auftaucht und der Abbé sich seinen erotischen Fantasien erneut überlassen kann. Allzu bereitwillig schreibt er Alexina die Homosexualität auf den Leib, um seine unterdrückte Sexualität auszuleben.

Die detaillierten Beschreibungen von Alexinas Körper, welche die Mitschülerinnen liefern, laufen ebenfalls auf eine »Veranderung«[39] hinaus: »La Maitresse«, so nennen die Mädchen Alexina, »sei ein absonderliches Wesen und habe Dinge an sich, wie kein anderes Mädchen«.[40] Die Mädchen sprechen über Alexina in einem Register, das von der Biopolitik des Kaiserreichs geprägt ist und nur zwei Geschlechter kennt. Die Andersartigkeit Alexinas macht sie für die Mädchen allerdings nicht – wie später für Dr. Duval – zu einem Mann, sondern sie erklären Alexina buchstäblich zum Teufel, wenn sie das Paar als »le diable et sa fiancée!«[41] bezeichnen. Damit wird Alexina auf der Grundlage heteronormativer Kategorien ›verandert‹, aber der Rekurs auf religiöse Diskurse vermeidet die Binarität von ›Mann‹ und ›Frau‹. Nichtsdestotrotz begegnen die Mädchen Alexina mit verbaler Gewalt, die in dieser Szene hervorbricht: »Und die scharfen […] Laute […], welche die jungen Zähnchen zerknitterten und zerbissen, und die wie Schmeißmücken während des Essens durch den Saal schwirrten, bewiesen, daß von einem Zurückdämmen jetzt keine Rede mehr sein konnte.«[42] Aufgrund ihrer Andersartigkeit werden sie bedroht.

Einer weiteren Gewalterfahrung wird Alexina während der Untersuchung des Doktors ausgesetzt, der ohne Einwilligung mit seinen Fingern in Alexina eindringt – ein Vorgang, der nach heutiger Rechtslage als Vergewaltigung strafbar wäre.[43] Die Untersuchungsszene findet hinter einer halbgeschlossenen Tür statt und die Höreindrücke werden über die Nebenfigur Madame la Superieure vermittelt.[44] Die Rede des Doktors wird fast ausschließlich abstrakt benannt und nicht wiedergegeben. So erfolgen »Aufforderung[en]«, und die siebenmalige Wiederholung dieses Wortes lenkt die Aufmerksamkeit sowohl auf die Disziplinarmacht des Doktors als auch auf Alexinas Versuch, die körperliche Unversehrtheit zu bewahren. Durch die merkwürdige Sprachlosigkeit dieser Hörszene wirkt der plötzliche Einbruch der Stimme Alexinas umso effektvoller: »Ah, vous me faitez mal, Monsieur.« Ohne in Voyeurismus zu verfallen, stellt Panizza hier das Trauma einer Untersuchung der Geschlechtszugehörigkeit dar.

Dr. Duvals später vorgelegter Bericht erinnert erneut an das Regulationsregime, das ausgehend von den biopolitischen Anforderungen des Staates Körper und Sexualität hervorbringt.[45] Er reproduziert die bereits von den Mädchen unterstrichene Andersartigkeit, übersetzt diese aber in das technische Vokabular der Sexualwissenschaften: »Somit ist Alexina Besnard ein *Zwitter*; und, da derselbe während der Untersuchung […] auch eine unwillkürliche *ejaculatio seminalis* hatte, […] so muß Alexina als *männlicher Zwitter* angesprochen werden; somit ist Alexina ein *Mann*.«[46] Die Folgerichtigkeit dieser Aussage beruht nur scheinbar auf der physischen Untersuchung, denn nicht der Körper, sondern das von ihm ausgestoßene Sekret bringt das Ergebnis. Im Einklang mit der zeitgenössischen medizinischen Praxis muss die Reproduktionsfähigkeit das Geschlecht bestimmen.[47]

Alexina widerspricht in Panizzas Fiktion der Vereindeutigung: »Bin nicht ich Dein Mann!?«, heißt es in einem Brief an Henriette.[48] Diese Frage zielt auf die soziale Rollenverteilung, nicht den Geschlechtskörper, denn

Alexina beschreibt sich selbst als weiblich. Die Briefe zeugen davon, wie sehr Alexina den eigenen Körper und die Beziehung zu Henriette aus einer Matrix der Zweigeschlechtlichkeit ableitet. Alexina erkennt die Normabweichung erst im Zusammenhang mit der Entdeckung des Penis und durch »[d]iese Kleinigkeit, über die Henriette so oft gelacht«,[49] kommt die Sorge auf, die Selbstidentifikation könne fehlgehen. Die Willkür der kategorialen Unterscheidung wird dadurch unterstrichen, dass das Genital nur eine »Kleinigkeit« – oder in den Worten aus »Ein criminelles Geschlecht« – ein »winzige[s] Anhängsel[]« darstellt.

Die Spannung zwischen heteronormativen Rollenbildern und Selbstbild wird auch in Alexinas Bemerkungen über reproduktive Sexualität deutlich. Trotz einer angedeuteten Schwangerschaft Henriettes beschreibt Alexina reproduktiven Sex als ein Gefüge aus »Unflath, Gestank, Erbrechen, gemeines Athmen, Glotzen und scheußliche Aufführung«.[50] Als Gegenentwurf zur »gräulich[en]« Sexualität entwirft Alexina die Vision einer geläuterten Liebe, die sich in »zierlich[en], sanft[en], kleinlich[en] und minimal[en]« »Verkehrsformen« äußert.[51] Das Verbrechen der Liebe erscheint hier wie in »Ein criminelles Geschlecht« als Widerstandsmoment gegen die staatlich regulierte und darum ›sittliche‹ Sexualität.

So wie im Kaiserreich Biopolitik Sexualpolitik war, ist die Thematisierung von Sexualität im literarischen Werk Panizzas ein Angriff auf eben diese Biopolitik. Das Sittlichkeitsdispositiv schillert hier in allen seinen Aporien und traumatischen Folgen. Angesichts dieser Befunde ist es vielleicht kein Wunder, dass der oberste Sittenwächter Wilhelm II. in Panizzas spätester Schaffensphase zur persönlichen Zielscheibe avancierte. Die panoptische Allgegenwart des Kaisers, die das »Imperjalja«-Manuskript beschwört, ist möglicherweise eine Chiffre für das Regime wilhelminischer Sittenreiterei.

---

1 »Eine Kundgebung des Königs«, in: »Berliner Tageblatt« 20/546 (1891), S. 1. — 2 Vgl. Martin Lücke: »Hierarchien der Unzucht. Regime männlicher und weiblicher Prostitution in Kaiserreich und Weimarer Republik«, in: »L'Homme. Zeitschrift für Geschlechterforschung« 21 (2010), S. 49–64, S. 53. — 3 Vgl. Robin J. V. Lenman: »Art, Society, and the Law in Wilhelmine Germany. The Lex Heinze«, in: »Oxford German Studies« 8 (1973), S. 86–113. — 4 Vgl. John C. Fout: »Sexual Politics in Wilhelmine Germany. The Male Gender Crisis, Moral Purity, and Homophobia«, in: »Journal of the History of Sexuality« 2 (1992), S. 388–421; Clayton J. Whisnant: »Queer Identities and Politics in Germany. A History 1880–1945«, New York 2016, S. 14–42; Martin Lücke: »›Das ekle Geschmeiß‹. Mann-männliche Prostitution und hegemoniale Männlichkeit im Kaiserreich«, in: Martin Dinges (Hg.): »Männer – Macht – Körper. Hegemoniale Männlichkeiten vom Mittelalter bis heute«, Frankfurt/M. 2005, S. 157–172. — 5 Vgl. Michael Bauer: »Oskar Panizza. Ein literarisches Porträt«, München 1984, S. 15–18 und S. 151–158; Peter D. G. Brown: »The Continuing Trials of Oskar Panizza. A Century of Artistic Censorship in Germany, Austria,

and Beyond«, in: »German Studies Review« 24/3 (2001), S. 533–556; Joela Jacobs: »›Verbrechen wider die Natur‹: Oskar Panizza's First Encounter with Censorship«, in: Godela Weiss-Sussex / Charlotte Woodford (Hg.): »Protest and Reform in the German Literature and Art of Modernity, 1871–1918«, München 2015, S. 125–138. — **6** Vgl. Oskar Panizza: »Prostitution. Eine Gegenwartsstudie«, in: »Die Gesellschaft. Monatsschrift für Litteratur, Kunst und Sozialpolitik« 8 (1892), S. 1159–1183, S. 1160–1166. — **7** Ebd., S. 1160. — **8** Ebd., S. 1167. — **9** »Kundgebung des Königs«, a. a. O., S. 1. — **10** Vgl. Richard von Krafft-Ebing: »Psychopathia sexualis. Eine klinisch-forensische Studie«, Stuttgart 1886, S. 35. — **11** Ute Gerhard: »Die Frau als Rechtsperson – oder: Wie verschieden sind die Geschlechter? Einblicke in die Jurisprudenz des 19. Jahrhunderts«, in: »Zeitschrift der Savigny-Stiftung für Rechtsgeschichte. Germanistische Abteilung« 130 (2013), S. 281–304, S. 294–295. — **12** Carl Welcker: »Geschlechtsverhältnisse«, in: Carl von Rotteck / Carl Welcker (Hg.): »Das Staats-Lexikon. Encyclopädie der sämmtlichen Staatswissenschaften für alle Stände«, Altona 1847, Bd. 5, S. 654–679, S. 664. Zur paradigmatischen Rolle Welckers vgl. Ute Frevert: »Einleitung«, in: Dies. (Hg.): »Bürgerinnen und Bürger. Geschlechterverhältnisse im 19. Jahrhundert«, Göttingen 1988, S. 11–16 und Karin Hausen: »Die Polarisierung der ›Geschlechtscharaktere‹. Eine Spiegelung der Dissoziation von Erwerbs- und Familienleben«, in: Werner Conze (Hg.): »Sozialgeschichte der Familie in der Neuzeit Europas«, Stuttgart 1976, S. 363–393, S. 375 f. — **13** Vgl. Hausen: »Geschlechtscharaktere«, a. a. O., S. 371. — **14** Vgl. dazu auch George L. Mosse: »Nationalism and Sexuality. Middle-Class Morality and Sexual Norms in Modern Europe«, Madison 2020, S. 187. — **15** von Krafft-Ebing: »Psychopathia sexualis«, a. a. O., S. 94. — **16** Panizza: »Prostitution«, a. a. O., S. 1180. — **17** Ebd. — **18** Ebd. — **19** Silvia Kontos: »Alte und neue Polarisierungen. Zur aktuellen Kontroverse über die Prostitution«, in: »Feministische Studien« 32 (2014), S. 185–200, S. 190. — **20** Panizza: »Prostitution«, a. a. O., S. 1182. — **21** Hausen: »Geschlechtscharaktere«, a. a. O., S. 369. — **22** Panizza: »Prostitution«, a. a. O., S. 1176. — **23** Panizzas Sexualleben und Syphiliserkrankung wird diskutiert in Peter D. G. Brown: »Oskar Panizza. His Life and Works«, New York 1983, S. 17, 56 und 182. Michael Bauer merkt kritisch an, dass Panizza seine Selbstdarstellung im Hinblick auf die Syphilis übertrieben habe und seine Erkrankung nicht nachgewiesen ist. Vgl. Bauer: »Oskar Panizza«, a. a. O., S. 95 f. — **24** Oskar Panizza: »Ein criminelles Geschlecht«, in: Ders.: »Werke«, hg. von Peter Staengle und Günther Emig, Niederstetten 2020, Bd. 4: »Visionen. Skizzen und Erzählungen« (Nachwort von Waldemar Fromm), S. 29–47, S. 31. — **25** Ebd., S. 40. — **26** Ebd., S. 41. — **27** Ebd., S. 47. Wie in »Das Verbrechen in Tavistock-Square« wird die Sprachlosigkeit der strafenden und überwachenden Institutionen thematisiert. Vgl. Jacobs: »Verbrechen wider die Natur«, a. a. O., S. 127. — **28** Vgl. Brown: »Oskar Panizza«, a. a. O., S. 126. — **29** Panizza: »Ein criminelles Geschlecht«, a. a. O., S. 40. — **30** Michel Foucault: »Freundschaft als Lebensform [1981]«, in: Ders.: »Schriften in vier Bänden. Dits et Ecrits«, hg. von Daniel Defert und Francois Ewald, Frankfurt/M. 2005, Bd. 4, S. 200–206, S. 202. — **31** Panizza: »Ein criminelles Geschlecht«, a. a. O., S. 34. — **32** Oskar Panizza: »Ein skandalöser Fall«, in: Ders.: »Werke«, hg. von Peter Staengle und Günther Emig, Niederstetten 2020, Bd. 4: »Visionen. Skizzen und Erzählungen« (Nachwort von Waldemar Fromm), S. 86–134. Die Schreibweise des Titels ist seit der Erstveröffentlichung in Panizzas »Visionen« (Leipzig 1893, S. 112–181) uneinheitlich, da das Inhaltsverzeichnis »Ein scandalöser Fall« aufführt, während die Überschrift im Fließtext »Ein skandalöser Fall« lautet. Beide Schreibweisen sind daher in der Forschung und Neuausgaben geläufig, jedoch folgt dieser Text der Werkausgabe und schreibt den Titel mit ›k‹. Für eine ausführlichere Auseinandersetzung mit dem Text vgl. Joela Jacobs / Bastian Lasse: »Making Intersex Identity ILLegible. Oskar Panizza's ›Ein skandalöser Fall‹«, in Stephanie Hilger (Hg.): »The Health Humanities in German Studies«, New York 2024, S. 289–302. — **33** Panizza: »Ein skandalöser Fall«, a. a. O., S. 133. — **34** Michel Foucault: »Über Hermaphrodismus. Der Fall Barbin«, hg. von Wolfgang Schäffner und Joseph Vogl, Frankfurt/M. 1998. — **35** Michel Foucault: »Das wahre Geschlecht [1980]«, in: »Schriften in vier Bänden«, a. a. O., S. 142–152, S. 152. — **36** Vgl. Panizza: »Ein skandalöser Fall«, a. a. O., S. 104. — **37** Ebd. — **38** Ebd., S. 112. —

39 Vgl. Andrea Maihofer: »Nachwort. Hegemoniale Selbstaffirmierung und Veranderung«, in: Karin Hostettler / Sophie Vögele (Hg.): »Diesseits der imperialen Geschlechterordnung. (Post-)koloniale Reflexionen über den Westen«, Bielefeld 2014, S. 321. — **40** Panizza: »Ein skandalöser Fall«, a. a. O., S. 106. — **41** Ebd., S. 111. — **42** Ebd. — **43** Vgl. ausführlich zu dieser Szene: Anja Ketterl: »Von Hegemonie und Unentscheidbarkeit. Oskar Panizzas ›Ein scandalöser Fall‹«, in: »Aussiger Beiträge« 10 (2016), S. 99–114, S. 108–111; Ariane Totzke: »Schwindsüchtige Erlöser, psychotische Pfaffen und der Fall ›Barbin‹«, in: Tim Lörke / Robert Walter-Jochum (Hg.): »Religion und Literatur im 20. und 21. Jahrhundert. Motive, Sprechweisen, Medien«, Göttingen 2015, S. 277–295, S. 293 f. — **44** Vgl. Panizza: »Ein skandalöser Fall«, a. a. O., S. 126. — **45** Foucaults Biopolitik findet sich bei Panizza bereits literarisch ausgestaltet. Die Nähe von Foucaults Ideen zu Panizzas Erzählung mögen den französischen Philosophen veranlasst haben, seiner Neuausgabe der Autobiografie »Ein skandalöser Fall« beizugeben. — **46** Ebd., S. 133. — **47** Vgl. Elizabeth Reis: »Bodies in Doubt. An American History of Intersex«, Baltimore 2021. — **48** Panizza: »Ein skandalöser Fall«, a. a. O., S. 119. — **49** Ebd., S. 131. — **50** Ebd., S. 119 f. — **51** Ebd., S. 120.

Joela Jacobs / Nike Thurn

»Ein antisemitisches Kunstwerk«?
Zur Rezeption von Oskar Panizzas »Der operirte Jud'«

Während Oskar Panizzas Theaterstück »Das Liebeskonzil« (1894) bei
Erscheinen wohl der umstrittenste Text Oskar Panizzas war, ist seine Erzählung »Der operirte Jud'« (1893) diejenige, die – wenngleich weit weniger
bekannt – bis heute am kontroversesten diskutiert wird. Im Zentrum steht
der jüdische Student Itzig Faitel Stern, der keine Gelder, Mühen und Operationen scheut, um als nicht-jüdisch akzeptiert zu werden.[1] Der als absto-
ßend beschriebene Faitel unterzieht sich so schmerzhaften wie absurd
erscheinenden Eingriffen in seine äußere Erscheinung – von Streckschwebe,
Gipskorsett und *brisement forcé* bis hin zu eigens aufgetragenem »pastösen
Bleitint« und »englischen Waschungen«[2] seiner Haare – und tut alles, um
»ßu werden aach a fains Menschenkind wie a Goj-menera, und aufßugeben
alle Fisenemie von Jüdischkeit«.[3] Zusätzlich verändert er seine Bewegungen
und Gestik, nimmt auch Sprach- und Verhaltensunterricht, jedoch ist seine
zunächst erfolgreich scheinende Verwandlung letztlich nicht von Dauer.
  Der Text enthält einige der brutalsten Schilderungen antisemitischer Ste-
reotype der deutschsprachigen Literatur. Auf den ersten Blick bedient er
den klassischen zeitgenössischen Vorwurf der jüdischen Mimikry und vermittelt die deutliche Botschaft, dass jeder Assimilationsversuch ›des Juden‹
zwangsläufig zum Scheitern verurteilt ist.[4] Bei näherem Hinsehen jedoch
entzieht sich die kunstvoll gebaute Erzählung simplifizierenden Lesarten
und stehen ihre zahlreichen literarischen Widerhaken Versuchen der Vereindeutigung entgegen: Während der Erzähler behauptet, dass Faitel sein
Freund sei, ist er die unzuverlässige Quelle sämtlicher negativer, antisemitischer Schilderungen seiner Person und des Geschehens.[5] Wirkt es zunächst,
als würde dem jüdischen Protagonisten nicht nur von diesem Erzähler, sondern auch innerhalb der Textkonstruktion das Menschsein gänzlich abge-
sprochen, verfügen jene Formulierungen bei näherer Betrachtung stets über
einen doppelten Boden, durch den im Gegenteil gerade Faitel Sterns
Menschlichkeit betont wird.[6] Und sieht man sich die ›Ensemblewirkung‹
der Figuren an, so ist eben keine manichäische Textkonstruktion zu entdecken, durch die ›der Jude‹ einer positiven ›wir‹-Gruppe gegenüberstünde:
Die nichtjüdische deutsche Mehrheitsgesellschaft, in die er um jeden Preis
aufgenommen werden möchte, wird lächerlich gemacht, der zeitgenössische
Diskurs der physiognomischen Pseudowissenschaften mit all jenen, die ihn

zu plausibilisieren versuchen und Faitel Stern als Versuchsobjekt ausnutzen, der Kritik preisgegeben. Zugleich jedoch fehlen erkennbare Brüche oder deutliche Signale, durch die wiederum eine Lesart, dass der Antisemitismus hier bewusst überzeichnet wird, um seine Gefahren auszustellen – dass »Der operirte Jud'« den Antisemitismus also auf*zeigt*, anstatt ihn selbst aufzu*weisen* – plausibel würde.[7] Zwar ist auch diesem Text die Panizza-typische Kritik an nationalstaatlichen Identitätskonzepten und Norm(alis)ierung (die das gesamte Unterfangen Faitels Sterns und seiner Phalanx an vermeintlichen Helfern, ›deutsch‹ zu werden, durchzieht[8]) zu eigen, doch bleibt (zu) unklar, in welchem Verhältnis Obrigkeitskritik und Antisemitismus stehen.

Seit dem Erscheinen der Erzählung haben Literaturkritik und Literaturwissenschaft entsprechend mit ihr gerungen: Haben zeitgenössische Rezensionen gerade diese Fragen – und ihr Verhältnis zum Kunstcharakter des Textes – diskutiert, wurde er im Nationalsozialismus im Sinne der antisemitischen Lesart vereindeutigt und entsprechend vereinnahmt. Nach seiner Wiederentdeckung und Übersetzung in den 1980er und 1990er Jahren gerieten vor allem seine Schilderungen des ›jüdischen Körpers‹ ins Zentrum der Aufmerksamkeit der US-amerikanischen Jewish Studies, während spätere literaturwissenschaftliche Interpretationen den Fokus auf inner- wie intratextuelle Strategien, Bezüge und Fragestellungen richteten sowie den Text gattungstheoretisch und im Werkkontext Panizzas einordneten.

Frühe zeitgenössische Rezeption und nationalsozialistische Vereinnahmung

Noch im Jahr der Erstveröffentlichung 1893 publizierte Otto Julius Bierbaum in der Literaturzeitschrift »Die Gesellschaft« eine Rezension des bis dahin bestehenden Werkes Panizzas, in der insbesondere mit Blick auf »Der operirte Jud'« die Herausforderungen diskutiert werden, vor die es Leser:innen stellt. Die Texte richteten sich lediglich »an ein kunstreifes Publikum«; wer hingegen »nicht ohne beharrliches Kompaßbefragen mit einem Dichter mitzugehen gewillt ist«, dem rate Bierbaum ab: »Ihm würden zu viele Mühlräder darnach im Kopfe herumgehen, und auf seine Rechnung, nämlich auf irgendein *quod erat demonstrandum*, käme er nicht.« Die Suche nach »einer hintergrundlauernden Tendenz«[9] der Texte gerate stets an Grenzen; die Frage, ob hier »wirklich der Dichter selber« spräche, rücke nicht zuletzt dadurch in den Hintergrund: »Es ist ein Zeichen des großen künstlerischen Wertes dieser Phantasiestücke, daß man sich um derlei gar nicht kümmert. Es kann Einem sogar die jeweilige Tendenz [...] zuwider sein, und der eigentliche Bildeindruck des Werkes, die künstlerische Impression, bleibt darum doch mächtig. [...] Über den ›operierten Juden‹ [sic!] können auch Philosemiten lachen, die ›Kirche von Zinsblech‹ auch gute Christen mit künstlerischem Genusse lesen, freilich dürfen sie nicht verbohrt, und sie müssen überhaupt zu künstlerischem Genusse fähig sein. [...] In Deutschland dürften sich solcher Leute nur wenige finden. Entweder wird man jeden tendenziösen Zweck *vermissen*, oder man wird *nur* die Tendenz sehen, die aber eben hier nicht als Tendenz, sondern als *künstlerisches* Beiwerk Geltung hat.«[10] Hieran fällt auf, dass der protestantisch aufgewachsene Bierbaum hier für die »Kirche von Zinsblech« zwar »gute Christen« sozusagen als ›Gewährsleute‹ anführt; für den »operirten Jud'« hingegen »Philosemiten« und nicht – was die eigentliche Analogie wäre – Jüd:innen. Konnte sich die Rede von der »Tendenz« der Texte bis hierher noch sowohl auf die Religionskritik als auch den Antisemitismus beziehen, benennt er im weiteren Verlauf der Rezension deutlich Letzteres: »Ein [...] Virtuosenstück der Kunst, Allerungewöhnlichstes zu schildern, ist der ›operierte Jud‹ [sic!], – das einzige antisemitische Kunstwerk, das ich kenne. Hier läßt die eminente Kunst die Brutalität der Tendenz vergessen.«[11] Sein Plädoyer für die Eigenlogik der Kunst stellt so die Falle, dass jene, die sich am Antisemitismus des Textes stören, sich zugleich als »verbohrt« und »überhaupt zu künstlerischem Genusse« unfähig erweisen. Eine Diskussion über die Grenzen der Kunst folgt nicht.[12]

Ein Jahr später ging der jüdische Rezensent Leo Berg in einer Rezension auf die einzelnen Erzählungen des »Visionen«-Bandes von Panizza ein und kam mit Blick auf die darin enthaltene oder zu entdeckende »Tendenz« zu einem ähnlichen Schluss wie Bierbaum: »Zwei aber, ›Der operierte Jud‹ [sic!] und ›Der Goldregen‹ haben eine ausgesprochene Tendenz, die, ob man zwar nicht weiß, soll die beider antisemitisch sein, oder die der ersten sich gegen die moderne Gesellschaft, die der zweiten sich gegen den Kapitalismus kehren, in phantastischer Verzerrung die Welt der Dinge spiegelt.« Sowohl die schon 1894 angesprochene Frage wie auch Bergs hieran anschließende Annäherung an eine Antwort werden bis heute in ähnlicher Form diskutiert: »Das Bild ist zu phantastisch, um wahr zu sein, zu realistisch aber im einzelnen erzählt, um als grotesker Symbolum für eine historische Erscheinung zu gelten. Nüchternheit und Unnatur halten sich so die Wage [sic!], daß man nicht einmal sicher erkennt, wogegen sich dieses Stück richtet, gegen den eindringenden Juden, oder die Gesellschaft, der man solche Komödie vorspielen kann.«[13] Während an dieser angeführten Alternative interessant ist, dass durchaus beide Deutungen antisemitisch wären – die des »eindringenden« wie die des eine »Komödie vorspielen[den]« Juden, mithin entweder des gefährlichen oder des vortäuschenden Juden –, ist es dieselbe Uneindeutigkeit, die Berg moniert: Er nennt die Texte »kritisch erzählte Märchen, denen es an Kritik fehlt. Er zerstört sich selbst die Wirkung, die er zuweilen geradezu paralysiert, und weiß gewöhnlich selbst nicht, ob er eigentlich über einen Gegenstand erschauern oder lachen soll.«[14] Damit kritisiert er das, was

Bierbaum als – wenngleich irritierende – Qualität von Panizzas Erzählungen sieht und ordnet damit diese kurzen Prosatexte indirekt auch in die passende Gattung ein: Es handelt sich um Grotesken, deren entscheidende Qualität ihre Unentscheidbarkeit und das aufgrund einer furchtbaren Realisation im Halse stecken bleibende Lachen ist.[15]

1917 gab Hanns Heinz Ewers, selbst Grotesken-Autor, eine neue Ausgabe der »Visionen« in der Serie »Galerie der Phantasten« heraus, deren neoromantische Ausrichtung gerade dies ins Zentrum stellte. Walter Benjamin verglich Panizza aufgrund dieser Ähnlichkeiten mit E. T. A. Hoffmann und andere zeitgenössische jüdische Fürsprecher wie Kurt Tucholsky, der ebenso wie Emil Tuchmann, der Gründer der Panizza-Gesellschaft, eine Werkausgabe Panizzas herausgeben wollte, schätzten die kritische Funktion dieses grotesken Humors.[16] Die nachlassverwaltenden Erb:innen verhinderten dies, räumten stattdessen jedoch 1927 einem lokalen Beiblatt des »Völkischen Beobachters« die Abdruckrechte für »Der operirte Jud'« ein. Dass indes auch in dieser Zeit keine Einigkeit darüber bestand, wie Panizza einzuordnen sei, zeigen die Arbeiten des antisemitischen Literaturhistorikers Adolf Bartels, der zunächst 1925 in seinem Buch »Jüdische Herkunft und Literaturwissenschaft. Eine gründliche Erörterung« über eine jüdische Herkunft Panizzas mutmaßte: »Nicht klar bin ich mir über Oskar Panizza [...]. Er wollte einer Hugenottenfamilie entstammt sein, aber dagegen spricht doch wohl der Name«,[17] und dies auch drei Jahre später in seiner »Geschichte der deutschen Literatur« fortführte: »angeblich hugenottischer, aber vielleicht doch jüdischer Abstammung«.[18] Während er in seinem Artikel zahlreiche Werke Panizzas anführt, lässt er den »operirten Jud'« unerwähnt. Auch die Nationalsozialisten Martin Bormann und Kurt Eggers, die beide teils stark bearbeitete und in ihrem Sinne gekürzte Texte von Panizza herausgaben (u. a. das ebenfalls 1893 erschienene »Mach' Mores, Jud'!«), ignorierten die Erzählung.[19] Der Literaturwissenschaftler Axel Stähler erklärte sich die Veröffentlichung von 1927 demnach mit einer Fehllektüre durch die nationalsozialistischen Verantwortlichen und vermutete hierin eine unbeabsichtigte Folge des Birnbaum'schen Urteils, »which is, in fact, still sometimes cited as evidence for the antisemitism of the author and in particular his ›The Operated Jew‹«.[20]

Späte Wiederentdeckung und wissenschaftliche Analyse

In den folgenden Jahrzehnten geriet Panizza weitgehend in Vergessenheit. Das änderte sich ab den 1960er Jahren, als sein Name fast zeitgleich an verschiedenen Orten wieder im literarischen Leben auftauchte, jedoch nicht mit dem »operirten Jud'«. Erst als der Verlag Matthes & Seitz ab 1977 eine

Vielzahl seiner Werke in neuen Anthologien wieder zugänglich machte, erschien auch eine Sammlung der Erzählungen inklusive des umstrittenen Textes.[21] Ein Bewusstsein für die Problematik dieses ansonsten kommentarlosen Neuabdrucks lässt sich daran erkennen, dass als einziger Text eines anderen Autors Salomo Friedländers/Mynonas Entgegnung »Der operierte Goj. Ein Seitenstück zu Panizza's [sic!] operirtem Jud'« in den Band aufgenommen und – in kleinerer Schriftart – jeweils auf dem letzten Drittel der Seite unter den Panizza'schen Text gesetzt wurde und so bei dessen Lektüre ganz buchstäblich immer mitläuft.[22] Etwa zur gleichen Zeit erschien in den USA die erste englische Übersetzung des »operirten Jud'« durch den Literaturwissenschaftler Jack Zipes,[23] und mit ihr beginnt eine verstärkte wissenschaftliche Auseinandersetzung mit dem Text. In seinem Begleitaufsatz vertritt er die These, dass Panizza einerseits von »extreme hatred and fear of Jews, who are ridiculed and regarded with awe«[24] geprägt gewesen sei (was sich später in einen Philosemitismus wandeln sollte), sich aber andererseits zugleich mit der Position der Juden in der von ihm nur noch mehr verhassten wilhelminischen Gesellschaft – und explizit auch mit der von ihm so grausam gezeichneten Figur Itzig Faitel Stern – identifiziert habe:[25] »This is not to dismiss his disdain of Jews, but the operated Jew Faitel Stern was both an indicator of his anti-Semitism and a literary device meant to articulate Panizza's critical notions of eugenics and to explore his own inability to adapt to German society.«[26] Zipes stützt seine Lesart auf intertextuelle Bezüge zu anderen, nicht-literarischen Beiträgen Panizzas, wie etwa die Ausführungen »Prolegomena zum Preisausschreiben. Verbesserung unserer Rasse«, und ordnet den »operirten Jud'« damit als harsche Kritik des Mediziners Panizza – der die zeitgenössischen eugenischen Diskurse kannte und verfolgte –, an jeglichem Versuch der ›Verbesserung‹ des Menschen ein.[27] Vor diesem Hintergrund sei »Faitel's failure to become a German […] a virtue; or rather, humankind's resistance to the instrumentalized treatment of a human being which was becoming more and more prevalent in German society is depicted as a triumph of ›weak humanity‹ over ›strong scientific power‹ aiming to perfect the human race.«[28]

Zusätzlich befördert durch die nun zugängliche englische Fassung – die jedoch ihre eigenen ›Tendenzen‹ in einigen Übersetzungsfehlern und -entscheidungen deutlich macht[29] – tauchte die Erzählung als ergiebige Quelle der Auseinandersetzung mit zeitgenössischen gesellschaftlichen Vorstellungen vom ›jüdischen Körper‹ seit den 1980er und 1990er Jahren vermehrt in den US-amerikanischen German Jewish Studies auf.[30] Die Stereotypisierungen, die den Text durchziehen, waren für solch motivgeschichtliche Untersuchungen weitgehend unabhängig davon analytisch fruchtbar, ob es sich um eigene antisemitische Reproduktionen des Autors oder aber deren Zurschaustellung handelt.[31] Im neuen Jahrtausend rückte diese Frage vermehrt in den Vordergrund, als die Erzählung im Rahmen stärker diskursanalytischer germanistischer Forschungen zu literarischem Antisemitismus auf beiden Seiten des Atlantiks in den Blick genommen wurde. Diese Analysen bezogen sich zumeist zusätzlich auf Friedländers/Mynonas »operierten Goj« und beleuchteten bisher weniger beachtete Aspekte wie Faitels ›Spracherwerb‹ oder die intertextuellen Bezüge des Textes.[32] Während der umfangreiche Bestand an antisemitischen Stereotypen dabei außer Frage steht, wurde nun verstärkt deren Einsatz und Funktion im und für den Text untersucht und darüber hinaus zum Teil mit anderen Erzählungen Panizzas in Verbindung gebracht, die sich im gleichen Zeitraum mit diversen marginalisierten Gruppen befassen.[33] Trotz einer deutlichen Zunahme an Forschung in den vergangenen Jahren steht eine umfassende kritische Kontextualisierung der Erzählung im Gesamtwerk Panizzas ebenso wie eine systematische Untersuchung der Darstellungen von Jüd:innen darin jedoch nach wie vor aus. Auch 130 Jahre nach ihrem Erscheinen bleibt die Erzählung also so politisch umstritten wie literaturwissenschaftlich ergiebig: Bierbaums Zusammenfassung ihrer Komplexität in der paradoxen Formel des ›antisemitischen Kunstwerks‹ bleibt mit den sich daraus ergebenden Fragen bis heute eine Herausforderung.

1 Vgl. zum Konzept des *Passing* in diesem Zusammenhang Nike Thurn: »›Falsche Juden‹. Performative Identitäten in der deutschsprachigen Literatur von Lessing bis Walser«, Göttingen 2015, S. 69–97. — **2** Oskar Panizza: »Der operirte Jud'«, in: Ders.: »Werke«, hg. von Peter Staengle und Günther Emig, Niederstetten 2020, Bd. 4: »Visionen. Skizzen und Erzählungen« (Nachwort von Waldemar Fromm), S. 135–166, S. 147. — **3** Ebd., 144 f. — **4** Vgl. hierzu u. a. Katharina Krčal: »Nachahmen und Täuschen. Die ›jüdische Mimikry‹ und der antisemitische Diskurs im 19. und 20. Jahrhundert«, Hildesheim 2022. — **5** Vgl. Panizza: »Der operirte Jud'«, a. a. O., S. 135. — **6** Vgl. dazu das Kapitel zur Erzählung in der 2025 bei Indiana University Press erscheinenden Monografie »Vegetal, Animal, Marginal. The German Literary Grotesque from Panizza to Kafka« von Joela Jacobs. — **7** Vgl. zu dieser zentralen Unterscheidung Martin Gubser: »Literarischer Antisemitismus. Untersuchungen zu Gustav Freytag und anderen bürgerlichen Schriftstellern des 19. Jahrhunderts«, Göttingen 1998. Vgl. zu einer Diskussion der Panizza'schen Erzählung unter diesem Aspekt ausführlicher Thurn: »›Falsche Juden‹«, a. a. O., S. 267 ff. — **8** Vgl. Joela Jacobs: »Assimilating Aliens. Imagining National Identity in Oskar Panizza's ›Operated Jew‹ and Salomo Friedlaender's ›Operated Goy‹«, in: Ulrike Küchler / Silja Maehl / Graeme Stout (Hg.): »Alien Imaginations. Science Fiction and Tales of Transnationalism«, New York 2015, S. 57–71, S. 57–63. — **9** Otto Julius Bierbaum: »Oskar Panizza«, in: »Die Gesellschaft« 9 (1893), S. 977–989, S. 984. — **10** Ebd., S. 985. — **11** Bierbaum: »Oskar Panizza«, a. a. O., S. 986. — **12** Seine satirische Charakterisierung Panizzas an anderer Stelle hebt den Antisemitismus gleich zu Beginn hervor: »Oskar Panizza, wie schon sein Name zeigt, ein Urgermane, begann seine Laufbahn als teutonischer Dreschflegel, nuancierte diesen Beruf dann durch Hinzunahme einer sehr spitzen Mistgabel, mit der er einerseits die jüdische Rasse, andererseits den römischen Pabst [sic!] auszurotten bemüht war, und ist jetzt eine Hauptstütze der Patriotenliga in Paris.« O. A. [i. e. Otto Julius Bierbaum]: »Oskar Panizza«, in:

Martin Möbius [i. e. Otto Julius Bierbaum] (Hg.): »Steckbriefe erlassen hinter dreißig literarischen Uebelthätern gemeingefährlicher Natur. Von Martin Möbius mit getreuen Bildnis-
sen der Dreißig versehen von Bruno Paul«, Berlin 1900, S. 101–104, S. 101. — **13** Leo
Berg: »Visionen. Erzählungen und Skizzen von Oskar Panizza«, in: »Der Zuschauer. Monats-
schrift für Kunst, Litteratur und Kritik« 1/7 (1894), S. 323–325, S. 324. — **14** Berg: »Visionen«, a. a. O., S. 324. — **15** Vgl. Reto Sorg: »Groteske«, in: »Reallexikon der deutschen
Literaturwissenschaft«, hg. von Klaus Weimar, Berlin 2007, Bd. 1, S. 748–751; Claudia
Lieb: »Nachwort«, in: Oskar Panizza: »Werke«, hg. von Peter Staengle und Günther Emig,
Niederstetten 2019, Bd. 2: »Dämmrungsstücke. Vier Erzählungen«, S. 223–238, S. 232 ff.;
Jacobs: »Vegetal, Animal, Marginal«, a. a. O. — **16** Vgl. Walter Benjamin: »E. T. A. Hoff-
mann und Oskar Panizza«, in: Ders.: »Gesammelte Schriften«, hg. von Rolf Tiedemann und
Hermann Schweppenhäuser, Frankfurt/M. 1977, Bd. II/2: »Aufsätze, Essays, Vorträge«,
S. 641–648; Ignaz Wrobel [i. e. Kurt Tucholsky]: »Oskar Panizza«, in: »Freiheit« (11. Juli
1920); Emil Tuchmann: »Die Erben Panizzas vereiteln die Herausgabe des Nachlasses«, in:
»Die literarische Welt« 5/31 (1929), S. 8. — **17** Adolf Bartels: »Jüdische Herkunft und Literaturwissenschaft. Eine gründliche Erörterung«, Leipzig 1925, S. 110. — **18** Adolf Bartels:
»Geschichte der deutschen Literatur«, Leipzig 1928, Bd. 3: »Die neueste Zeit«, S. 426. —
19 Vgl. zur Rezeption von Panizza im Nationalsozialismus ausführlicher Michael Bauer:
»Panizza – zwischen Martin Bormann und Walter Mehring«, in: Ders.: »Oskar Panizza. Ein
literarisches Porträt«, München 1984, S. 24–26 und die aktualisierte und erweiterte Version
in: Ders.: »Oskar Panizza. Eine Biografie«, München 2019, S. 27–33. — **20** Das Urteil, dass
es sich hier um etwas handle, das es eigentlich gar nicht gebe – ein antisemitisches Kunstwerk –, sei zu einem Argument für eine Veröffentlichung im »Münchner Beobachter« geworden, was indes nur aus dem Kontext gerissen möglich war: »The paradox framed by Bierbaum is certainly evocative. In particular his clear stance on the alleged incompatibility of
antisemitism and art is intriguing, if perhaps naive. However, when used as evidence against
Panizza, the wider context of Bierbaum's perceptive analysis is usually, and misleadingly,
ignored.« Axel Stähler: »Zionism, the German Empire, and Africa. Jewish Metamorphoses
and the Colors of Difference«, Berlin 2019, S. 328 f. Dietrich Kuhlbrodt zufolge war »Der
operirte Jud'« »auch schon alles, was die Nazis mit Panizza anfangen konnten. Sie hatten ein
paar Inhalte abgelöst und als Beleg für ihre Weltanschauung verwendet.« Dietrich Kuhlbrodt: »Panizzas Gegenwart«, in: Uwe Böttjer (Hg.): »Oskar Panizza und die Folgen. Bilder
und Texte zur Wiederaufführung seines Liebeskonzils«, Brunsbüttel o. J., S. 10–24, S. 18.
Andere Autor:innen legen sich jedoch bzgl. der Antisemitismusfrage eindeutiger fest, vgl.
Mason Allred: »Foreign Bodies. Border Control, Jewish Identity and ›Der Student von Prag‹
(1913)«, in: »Jewish Studies Quarterly« 21/3 (2014), S. 277–295; Jens Malte Fischer:
»Deutschsprachige Phantastik zwischen Décadence und Faschismus«, in: Rein A. Zonder-
geld (Hg.): »Phaïcon 3. Almanach der phantastischen Literatur«, Frankfurt/M. 1978,
S. 93–130; Patrice Neau: »Antisemitismus und Antikatholizismus bei Oskar Panizza«, in:
»Acta Germanica« 24 (1996), S. 21–33; Ariane Totzke: »Der ›transnationale Körper‹ als
Kampfplatz. Oskar Panizzas antisemitisches Panoptikum in ›Der operirte Jud'‹«, in: »literatur
kritik.de« (4. Juni 2013), https://literaturkritik.de/public/rezension.php?rez_id=17983. —
21 Oskar Panizza: »Der operirte Jud'«, in: Ders.: »Der Korsettenfritz. Gesammelte Erzählun-
gen«, München 1981, S. 265–292. — **22** Vgl. »Der operirte Goj. Ein Seitenstück zu Paniz-
za's operirtem Jud'«, ebd., S. 279–292. — **23** Jack Zipes: »Oskar Panizza. The Operated
German as Operated Jew«, in: »New German Critique« 21 (1980), S. 47–61 und Ders.:
»The Operated Jew. Two Tales of Anti-Semitism«, New York 1991. — **24** Zipes: »Oskar
Panizza«, a. a. O., S. 47. — **25** Vgl. ebd., S. 52 f. — **26** Ebd., S. 54. — **27** Vgl. ebd., 54 ff. —
28 Ebd., S. 56. — **29** Vgl. Jacobs: »Vegetal, Animal, Marginal«, a. a. O. — **30** Vgl. u. a. Y.
Michal Bodemann: »Jews, Germans, Memory. Reconstructions of Jewish Life in Germany«,
Ann Arbor 1996; Sander L. Gilman: »Jewish Self-Hatred. Jewish Antisemitism and the Hid-
den Language of the Jews«, Baltimore 1986; Ders.: »Anti-Semitism and the Body in Psycho-
analysis«, in: »Social Research« 57/4 (1990), S. 993–1017; Ders.: »The Case of Sigmund
Freud. Medicine and Identity at the Fin the Siècle«, London 1993; Ders.: »Freud, Race, and

Gender«, Princeton 1993; Ders.: »Franz Kafka. The Jewish Patient«, New York 1995; Ders.: »Creating Beauty to Cure the Soul. Race and Psychology in the Shaping of Aesthetic Surgery«, Durham 1998; Eric L. Santner: »My Own Private Germany. Daniel Paul Schreber's Secret History of Modernity«, Princeton 1996; Jay Geller: »On Freud's Jewish Body. Mitigating Circumcisions«, New York 2007; Ders.: »The Other Jewish Question. Identifying the Jew and Making Sense of Modernity«, New York 2011. — **31** Der Antisemitismus Panizzas blieb jedoch auch auf andere Weise stets der Punkt, an dem die größte Uneinigkeit bestand: Michael Bauers 1984 erschienene Panizza-Biografie etwa wurde von dem US-amerikanischen Panizza-Forscher Peter D. G. Brown nicht zuletzt dahingehend kritisiert, dass er einen »thoroughly sanitized Panizza« präsentiere, »devoid of his vociferous anti-Semitism«. Peter D. G. Brown: »Oskar Panizza. Ein literarisches Porträt«, in: »Germanic Review« 60/3 (1985). S. 119 f., S. 120. — **32** Vgl. u. a. Hans Peter Althaus: »Mauscheln. Ein Wort als Waffe«, Berlin 2002; William Collins Donahue: »The End of Modernism. Elias Canetti's ›Auto-da-Fé‹«, Chapel Hill 2001; Joela Jacobs: »The Function of Monsters. Loci of Border Crossing and the In-Between«, in: Gerhard Unterthurner / Erik M. Vogt (Hg.): »Monstrosity in Art, Psychoanalysis and Philosophy«, Wien 2012, S. 71–88; Dies.: »›… und die ganze pfälzisch-jüdische Sündfluth kam dann heraus‹. Monstrosity and Multilingualism in Oskar Panizzas ›Der operirte Jud'‹«, in: »Zeitschrift für interkulturelle Germanistik« 3/2 (2012), S. 61–73; Dies.: »Assimilating Aliens«, a. a. O.; Dies.: »A Jewish Frankenstein. Making Monsters in Modernist German Grotesques«, in: Iris Idelson-Shein / Christian Wiese (Hg.): »Monsters, Demons, and Wonders in European-Jewish History«, New York 2019, S. 102–117; Dies.: »Vegetal, Animal, Marginal«, a. a. O.; Krčal: »Nachahmen und Täuschen«, a. a. O.; Anika Reichwald: »Das Phantasma der Assimilation. Interpretationen des ›Jüdischen‹ in der deutschen Phantastik 1890–1930«, Göttingen 2017; Stähler: »Zionism, the German Empire, and Africa«, a. a. O.; Axel Stähler: »The Author's ›derrière‹ and the Ludic Impulse. Oskar Panizza's ›The Operated Jew‹ (1893) and Amy Levy's ›Cohen of Trinity‹ (1889)«, in: Ulrike Brunotte / Jürgen Mohn / Christina Späti (Hg.): »Internal Outsiders – Imagined Orientals? Antisemitism, Colonialism and Modern Constructions of Jewish Identity«, Würzburg 2017, S. 111–128; Thurn: »›Falsche Juden‹«, a. a. O. — **33** Andere Erzählungen in Panizzas »Visionen« (in: »Werke«, Bd. 4, a. a. O.) befassen sich mit intersex (»Ein skandalöser Fall«), rassifizierten (»Eine N[…]geschichte«; zu den Gründen der hier vorgenommenen Auslassung vgl. Grada Kilomba: »Das N-Wort«, in: »Bundeszentrale für politische Bildung« (3. Juni 2009), http://www.bpb.de/gesellschaft/migration/afrikanische-diaspora/59448/das-n-wort) und indigenen Personen (»Indianer-Gedanken«) sowie verschiedenen Formen von sexueller Orientierung und Sexualität (»Der Corsettenfritz«, »Ein criminelles Geschlecht«, vgl. auch das zwei Jahre zuvor erschienene »Verbrechen in Tavistock-Square«), wobei deren Marginalisierung und Unterdrückung deutlich werden. Vgl. Jacobs: »Vegetal, Animal, Marginal«, a. a. O.

Thomas Röske

Oskar Panizza zeichnet in der Anstalt

Oskar Panizza war vor allem Schriftsteller, hat aber gelegentlich zudem gezeichnet, wenn auch zunächst nur, um professionellen Illustratoren seine Vorstellungen zu vermitteln. Eigenständig sind allein seine Zeichnungen aus der Zeit seiner psychiatrischen Internierung in Bayreuth. Diese auffällig reduzierten Darstellungen einzelner Figuren auf freiem Grund sind schwer einzuordnen und zu deuten.[1] Deshalb hat man sie vor allem als Zeugnisse für die psychische Erkrankung des einstmals hochkomplexen Intellektuellen gesehen. Im Folgenden wird ein neuer Blick auf die Werke versucht.

Zu den Werken

Insgesamt haben sich von dieser späten Bildproduktion 48 Bleistiftzeichnungen auf 40 Blättern erhalten, 34 im Heidelberger Museum Sammlung Prinzhorn,[2] sechs im Nürnberger Landeskirchlichen Archiv.[3] In Heidelberg gibt es außerdem sechs Blätter mit jeweils zwei Pausen von Motiven der dort bewahrten Zeichnungen.[4] Man hatte sie wohl angefertigt, weil die Originale ursprünglich »zurück erbeten« wurden, wie auf einem Deckblatt des Sanatoriums Herzoghöhe notiert ist.[5] Die eigenhändigen Zeichnungen dürften zwischen 1919 und 1921 auf einen Aufruf des Kunsthistorikers und Mediziners Hans Prinzhorn (1886–1933) und seines Chefs Karl Wilmanns (1873–1945) hin an die Heidelberger Psychiatrische Universitätsklinik geschickt worden sein – wie viele Werke aus anderen Psychiatrien zum Aufbau eines »Museums für pathologische Kunst«.[6] Prinzhorn nahm auch die erste Inventarisierung vor.[7]

Nur auf den Heidelberger Blättern finden sich neben der sammlungseigenen Inventarnummer in Bleistift stets zwei weitere Ziffern. Die eine davon, mit Zahlen zwischen 39 und 387, scheint von Panizza selbst zu stammen, sodass anzunehmen ist, dass es sich ehemals insgesamt um fast 400 Blätter gehandelt hat. Weil jeweils drei der Nürnberger und der Heidelberger Blätter das Datum 1906 tragen, könnten die Zeichnungen zum Teil oder sämtlich bereits in der Anstalt für Gemütskranke St. Gilgenberg bei Bayreuth entstanden sein, wo der Schriftsteller von 1905 bis 1907 untergebracht war. Da es sich bei den drei letzteren um die von Panizza mit 95, 99 und 127 nummerierten Zeichnungen handelt, wäre dann zudem davon auszugehen, dass er sie zügig hintereinander auf das Papier gesetzt hat. Das Absenden der Blätter von der Anstalt Herzoghöhe noch vor seinem Tod spricht dafür, dass er sie an den neuen Lebensort mitgenommen hatte. Eine Aussage von ihm selbst zu seinen Schöpfungen ist aber bislang nicht gefunden worden.

Prinzhorn nahm Werke Panizzas nicht in sein wichtiges Buch »Bildnerei der Geisteskranken« (1922) auf, aber im Heidelberger Inventar notierte er immerhin: »hervorragend z. B. 8, 9, 21, 25 / Effekte durch Weglassen«. Das Wort »Effekte« lässt darauf schließen, dass Prinzhorn hier von einer kalku-

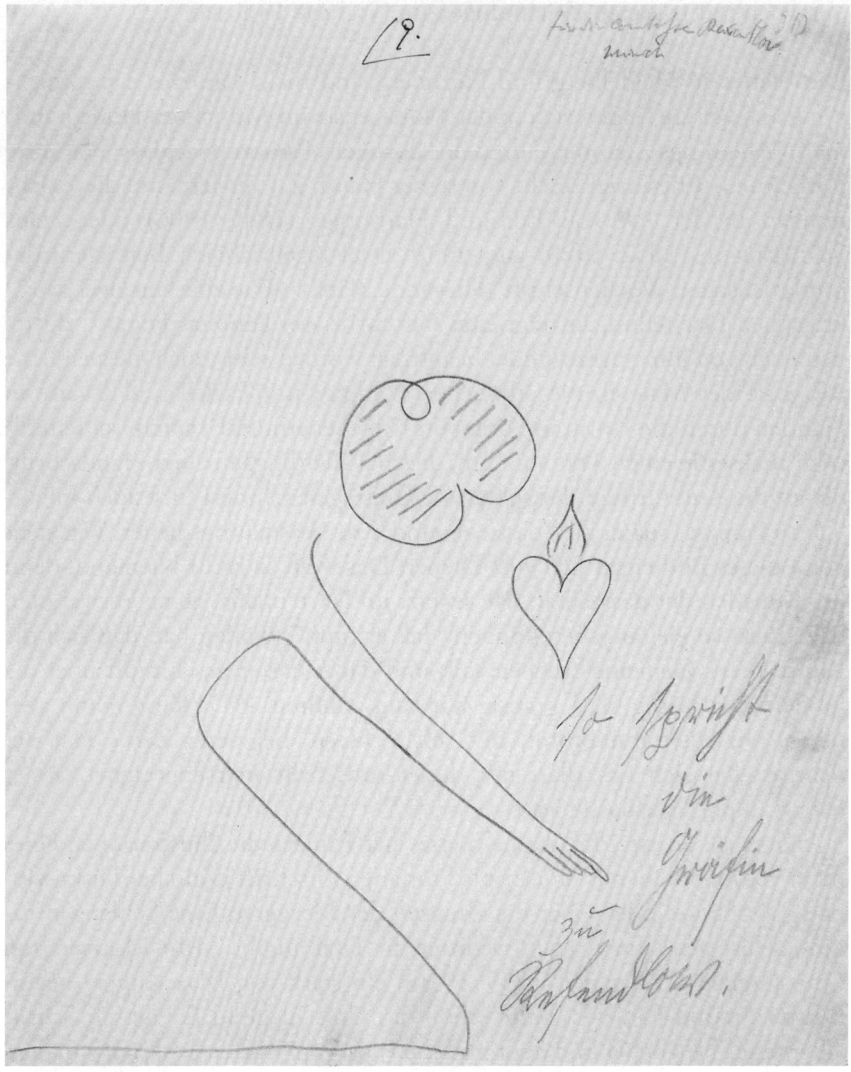

Abb. 1: Oskar Panizza: »für die comtesse Reventlov / Munich / so spricht / die / Gräfin / zu / Reventlow.«, Bleistift auf Papier, 21,5 x 17 cm, Sammlung Prinzhorn, Inv.Nr. 2818.

lierten Gestaltung ausging. Das ist bei einer Darstellung von Fanny Gräfin zu Reventlow (1871–1918) gut nachzuvollziehen, die Körper und Kopf auf wenige Linien reduziert (Abb. 1). Auch sonst sind Panizzas Darstellungen keineswegs »spontan, fast flüchtig« [8] ausgeführt, vielmehr gibt es oft Spuren von Vorzeichnungen. Gerade das erklärt wohl, warum Prinzhorn die Blätter in seinem Buch nicht berücksichtigte, denn erklärtermaßen interessierten ihn dafür nur »spontan entstandene Bildwerke ungeübter Geisteskranker«. [9]

Vergleich mit früheren Zeichnungen im Nachlass Panizzas

Die Blätter in Heidelberg und Nürnberg sind nicht Panizzas erste Zeichnungen. Weitere finden sich in der Monacensia im Münchner Hildebrandhaus. Allerdings stammen drei im dortigen Panizza-Nachlass bewahrte Karikaturen-Entwürfe [10] nicht von seiner Hand. Zu versiert sind die Zeichnungen in der Art von Edmund Harburger (1846–1906) oder Hans Schließmann (1852–1920) ausgeführt, zwei regelmäßigen Beiträgern der humoristischen Wochenschrift »Fliegende Blätter«. Die eine von zwei papstkritischen Darstellungen trägt eine Aufschrift von Panizzas Hand, [11] dürfte demnach von ihm angeregt oder beauftragt worden sein. Auch die weibliche Allegorie der Malerei, die erhobenen Hauptes mit Fackel und Palette in Händen durch die Kritik in Form von Ungeheuern und Teufeln schreitet, [12] trägt rückseitig einen Text von ihm, diesmal allerdings in einer Handschrift, die an die Aufschriften der späten Zeichnungen erinnert und auch inhaltlich zu Panizzas später Zeit passt: »Fremder zu Ausstellungsdiener: Was stellt denn dieses Bild eigentlich vor? Diener: Das weiß so recht Niemand, denn der Künstler, der das gemalt hat, is jetzt im Narrenhaus. Seine Verwandten haben nur so viel angeben können, daß er immer wollen hat, daß sich die Kunst über's Gemeine erheben soll, und dabei hat er geschimpft über die moderne Richtung, daß' grausig war zum anhören. – Da kann mann aber sehen, wo einer hinkommt, mit solche Ideen, bei derer Zeit.« Hat der Schriftsteller sich das Blatt mit dieser Aufschrift neu angeeignet, als er bereits in der Psychiatrie war?

Anders als die drei Karikatur-Blätter hat Panizza die Illustrationen eines nicht veröffentlichen Manuskripts für seine Zeitschrift »Zürcher Diskuszjonen«, »Laokoon oder Über die Grenzen der Mezgerei: Eine Schlangenstudje«, selbst gezeichnet, auch wenn er im Titel angibt: »Mit Motiven von Otto Greiner«. [13] Greiner (1859–1916), ein stark von Max Klinger beeinflusster Freund Panizzas, hatte schon das Umschlagbild für dessen Schrift »Der teutsche Michel und der römische Papst« entworfen und sich von dem Drama »Das Liebeskonzil« zu seinem Radierzyklus »Vom Weib« (1898) anregen lassen. [14] Offenbar wollte Panizza ihn mit Illustrationen für seinen

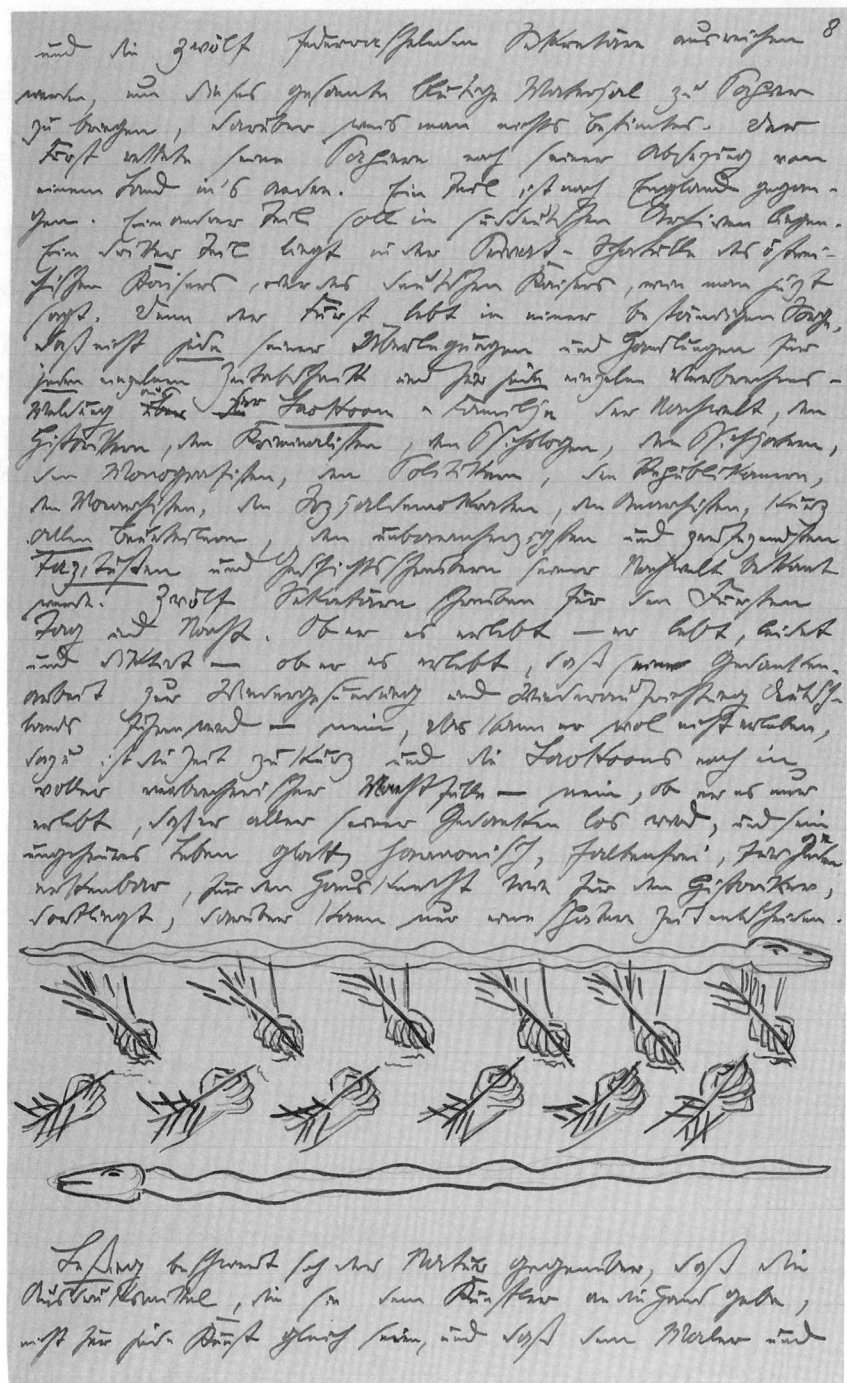

Abb. 2: Oskar Panizza: »Laokoon«, Münchner Stadtbibliothek/Monacensia, Manuskript L 3943, S. 8.

Text beauftragen, die er aber zunächst mit beeindruckender Bildkraft selbst entwarf und in das Manuskript setzte. Hier findet sich der weit aufgerissene Schlund einer Schlange, der Kopf einer enthaupteten Frau, den eine Hand an den Haaren hält, zwölf Hände mit Schreibfedern zwischen zwei Schlangen (Abb. 2), ein Vipernknäuel sowie, als Abschluss, der Kaiserkopf, den zwei Schlangen mit ihren großen Bissen zur Seite ziehen, sodass die Krone fällt. Alle diese figurativen, zeichnerisch umgebungslosen Vignetten sind mit Bleistift vorskizziert und dann mit Tinte überarbeitet, und doch bleiben, bei aller Eindrücklichkeit etwa der Gesichter, offensichtliche Gestaltungsschwächen, insbesondere bei den Händen. Welten liegen zwischen diesen eckigen Greiforganen und den teils geradezu eleganten Fingerhaltungen auf den Karikaturen.

Auf das Verhältnis Panizzas zu Wilhelm II. geht Elena Meilicke in ihrem Beitrag zu diesem Heft ein; hier sei zur Deutung der Zeichnungen nur noch ergänzt, dass dieser in dem Text zum einen als monströse Schlange dargestellt wird und dass zum anderen Otto von Bismarck (1815–1898) Schlangen zur kaiserlichen Familie schickt, um sie zu töten.[15] Er führt damit die Vernichtungswünsche Panizzas aus, der sich scheinbar auf die Rolle des dokumentierenden und entlarvenden Schriftstellers zurückzieht. In seinen Zeichnungen wird die Grausamkeit seiner Rachegedanken gegen den Kaiser bei der brutalen Schilderung der Schlangenbisse in den Kopf des Monarchen deutlich, während man im ornamentalen Nebeneinander von schreibenden Händen und Schlangen (Abb. 2) eine Identifikation des Schriftstellers mit dem Herrn der Vipern sehen könnte (wobei die Zwölfzahl auf das Schwurgericht verweisen mag).

Deutungen

Die späten Zeichnungen Panizzas sind nicht nur in zeitlicher Nähe zum »Laokoon«-Text und den »Imperjalja« entstanden, sie beziehen sich auch auf dieselben Vorstellungen des Schriftstellers über geheime Taten Bismarcks und anderer.[16] Allerdings blickt der Anstaltsinsasse nun durch die Brille seiner aktuellen Lebenslage. Das mehrfach hinzugefügte Datum 1906 markiert auch das erste Jahr nach seiner Entmündigung, dem Todesstoß für seine Selbstständigkeit. Panizza setzt sich in den wohl fast 400 Blättern auf neue Weise mit seiner Situation auseinander, blickt auf Gefährten, Verbündete und Gegner – und auf sich selbst.

Da die meisten der Zeichnungen erklärende Aufschriften der Form: »Das ist …« oder Namen tragen, richtet sich die Aufmerksamkeit zuerst auf die Deutung des Dargestellten. Dabei geht es in einigen Blättern um vermeintliche Verbündete und Gegner des Schriftstellers. Am Rand der meisten

Blätter hat Panizza den Ausruf »pour Gambetta!« notiert, manchmal mit Zusätzen wie »en tout cas!«, »sans faute!«, »à coup sûr« oder »également«. In den Augen des Anstaltsinsassen war der französische Politiker Léon Gambetta (1838–1882), ein unnachgiebiger Gegner der Deutschen, ebenfalls nur angeblich gestorben[17] und damit noch lange in der Lage, mit Bismarck gegen den Kaiser vorzugehen. Den Reichskanzler selbst zeigt allerdings eine der Zeichnungen in einem Sarg mit der Beschriftung »Otto de Bismarck † 1906« liegen. Panizza lässt ihn im Jahr nach seiner Entmündigung wohl endlich sterben, weil der Schriftsteller den Reichskanzler nun nicht länger als geheimen Rächer öffentlich machen kann. Zwei Paragrafenzeichen begleiten den Tod mit unterschiedlicher Mimik (eines grinst, das andere blickt trübsinnig) als Symbol dafür, dass das Recht jahrzehntelang ambivalent zum ›Fall Panizza‹ stand.[18] Weitere Blätter geben Konterfeis des Kanzlers mit dem typischen Schnauzer wieder;[19] nach oben gedrehte oder leere Augen sprechen ebenfalls für dessen Ableben.

Als Gegner ruft Panizza dagegen in seinen Zeichnungen mehrfach den Politiker Théophile Delcassé (1852–1923) auf, der von 1898 bis 1905 französischer Außenminister war und den der Anstaltsinsasse für seine Auslieferung an deutsche Behörden verantwortlich glaubte.[20] In einer Darstellung (Abb. 3) macht er sich mit einer reimenden Verballhornung von Delcassés Namen und der souveränen Reduktion seines Gesichts auf Stirn, Nase und Mund mit Schnauzer lustig.[21] Auf zwei anderen ruft er ihn mit dem Datum 1906 auf, einmal neben anderen Namen und wichtigen Lebensdaten Panizzas[22] in einem Paragrafenzeichen vor einer Schlange,[23] das andere Mal auf einem Gehängten neben zwei Paragrafenzeichen (Abb. 4). Mit diesem Opfer der Justiz ist jedoch nicht der schnauzbärtige Delcassé,[24] sondern sicherlich Panizza selbst gemeint. Der runde Kopf mit den prominenten Wangenknochen erinnert an dessen markanten Schädel, und das links geknöpfte Hemd könnte sogar eine Anspielung auf Anstaltskleidung sein.

Neben Verbündeten und einem Gegner zeichnet Panizza namentlich vor allem positiv besetzte Frauengestalten, die befreundete Fanny Gräfin zu Reventlow (Abb. 1), die der Schriftsteller liebevoll als »Befehlshaberin« ironisiert, zwei bislang unbekannte »Bayreutherinnen« namens »Bertha Lemmermann« und »Pfannkuchen-Marie«,[25] vor allem aber immer wieder »Amanda« oder »Amantha«.[26] In ihr stellt Panizza wohl Amanda Linder (1868–1951) dar, die im »Laokoon« unerschrocken Wilhelm II. entgegentritt.[27] Wohl deshalb erscheint die Schauspielerin, die damals vor allem für ihre Verkörperung von Schillers Jeanne d'Arc gefeiert wurde, einmal als Schlange.[28]

Öfter als historischen Persönlichkeiten sind aber Zeichnungen Thoth gewidmet, dem altägyptischen Gott der Wissenschaft und Weisheit, der als Erfinder der Hieroglyphenschrift gilt und als Schreiber zudem die Aufgabe hat, beim Totengericht zu protokollieren.[29] Einmal stellt Panizza ihn wie in

Abb. 3: Oskar Panizza: »pour Delcassé / das ist das Delcassetterl / das ist das Delicatesserl / aus Baris«, Bleistift auf Papier, 17 x 21,5 cm, Sammlung Prinzhorn, Inv.Nr. 2800.

antiker ikonografischer Tradition mit dem Kopf eines Ibis dar;[30] ansonsten besteht der Schreiber-Gott bloß aus einem kreisrunden traurigen Gesicht mit einem Arm, dessen Hand einen Griffel trägt. Die Beischriften geben zumeist Thoths Aufgaben gegenüber den Gestorbenen an: »die guten und bösen Taten« abzuwägen, die Seelen in den Tod, die Ewigkeit, das Verderben zu schicken. Manchmal werden aber auch bestimmte Personen benannt: So »jagt« der Gott den Panizza verhassten »Magister Kräpelin in den Tod«, den früheren Kollegen und späteren Direktor der Münchner Psychiatri-

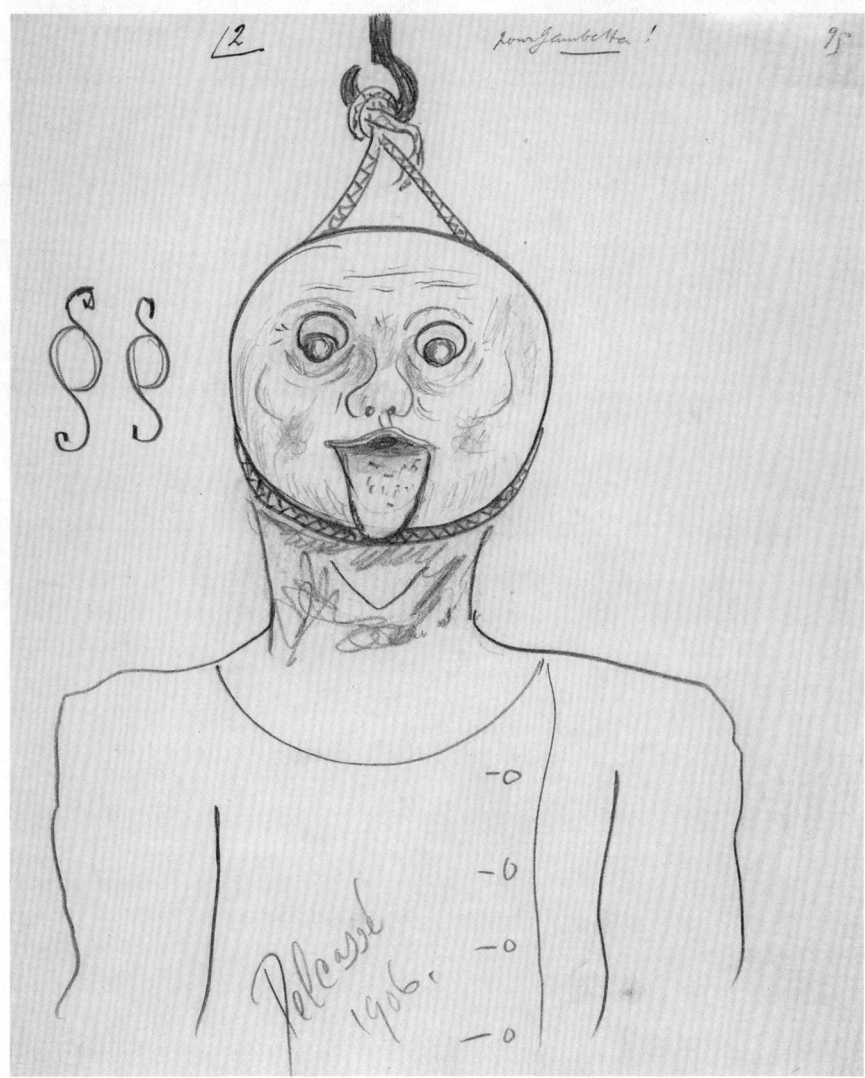

Abb. 4: Oskar Panizza: »pour Gambetta!/Delcassé 1906«, Bleistift auf Papier, 21,5 x 17 cm, Sammlung Prinzhorn, Inv.Nr. 2803.

schen Klinik Emil Kraepelin (1856–1926), der ihn 1905 als Patienten auf-genommen hatte (Abb. 5); und wenn Thoth einmal »die geheimen Fallstri-cke aufdeckt« und ausruft: »oh weh Knabl! Lustmörder!«,[31] so dürfte sich das auf Wilhelm II. beziehen. Es ist unverkennbar, dass sich Panizza mit dem mythischen Schreiber identifiziert. Zudem wirft die stets ähnliche ein-fache Gestalt und die Häufung des Motivs gegen Ende von Panizzas eigener Zählung der Blätter den Verdacht auf, dass der Schriftsteller diesen Bildern die Magie eines Schadenzaubers zugemessen hat.[32]

Abb. 5: Oskar Panizza: »pour Gambetta / das ist der Thoth / der den / Magister Kräpelin in den Tod / jagt. So!«, Bleistift auf Papier, 21,5 x 17 cm, Sammlung Prinzhorn, Inv.Nr. 2829.

Stilistik

Einen weiteren Namen hat Panizza in zwei unterschiedlichen Funktionen auf Zeichnungen gesetzt: den des humoristischen Zeichners Adolf Oberländer (1845–1923), ebenfalls Illustrator der »Fliegenden Blätter«. Einmal porträtiert er den Künstler ironisch in einer Maximalambivalenz von Gottheit und profanem Kapitalisten als »Fürst des Lichts und Haus-Ei-

Abb. 6: Oskar Panizza: »pour Gambetta! / das ist der Oberlaender / Fürst des Lichts / und / Haus-Eigentümer in München«, Bleistift auf Papier, 21,5 x 17 cm, Sammlung Prinzhorn, Inv.Nr. 2806.

genthümer in München« (Abb. 6). Die anderen Male bezieht sich Panizza auf ihn als Anregung für die Gestaltung seiner Zeichnungen. Der Schriftsteller, der keines seiner Blätter signierte, setzt unter die drei »Erynnis«-Zeichnungen in Nürnberg schräg: »A Oberlaender 1906«, als stammten sie von diesem.

Warum sich der Schriftsteller gerade auf Oberländer bezieht, ist seinem Vortrag »Genie und Wahnsinn« von 1891[33] zu entnehmen. In diesem folgen auf den Abschnitt »Genie und Talent – Schiller und Goethe« (der Ersterem die Palme reicht) überraschenderweise Ausführungen über »Zeichner und Illustratoren«. Hier bricht der Autor eine Lanze für solche humoristischen Darstellungen, die »der unsichtbaren Wahrheit im tiefsten Grunde des menschlichen Herzens« nachgehen.[34] Damit begründet er, warum er bestimmte Zeichner mehr als andere schätzt. Er lässt das Kapitel jedoch in einen Lobpreis auf Adolf Oberländer gipfeln. Sein Genie sei darin begründet, dass er mit dem Humoristischen tiefere Aussage über das Menschliche verbinde: »Wir stehen vor Oberländer's Zeichnungen oft paff, im Innersten getroffen, und vergessen ganz die komische Situation. Wer nur die heitere Seite seiner Darstellungen kennt, der hat diesen tief-ernsten Künstler nie erfaßt.«[35]

Oberländer war stilistisch ein Virtuose, der unterschiedliche Gestaltungsweisen für seine humoristischen Zeichnungen entwickelte. Eine Serie des

Abb. 7: Adolf Oberländer: »Randzeichnungen aus dem Schreibhefte des kleinen Moritz«, in: »Fliegende Blätter« 81/2056 (1884), S. 194.

Künstlers erreichte besondere Popularität: die »Randzeichnungen aus dem Schreibheft des kleinen Moritz«, die er seit den 1880er Jahren unregelmäßig in den »Fliegenden Blättern« veröffentlichte.[36] Es handelt sich um Erzählungen von grotesken Ereignissen und Begebenheiten aus der Sicht eines Kindes mit zuweilen fantastischen Ergänzungen (Abb. 7). Zeichnerisch sind die dargestellten Situationen auf das Notwendigste reduziert, häufig werden bloß umrissene einfache Formen additiv kombiniert und überlagern sich wie gläsern. Oberländers Reduktionismus zielt auf einen stilisierten ›kindlichen‹ Stil, mit dem die oft verblüffende kindliche ›Wahrheit‹ der dargestellten Szenen wirkungsvoll unterstützt wird.

Diesen Ansatz einer sinnfälligen Reduktion nahm sich Panizza in seinen späten Zeichnungen zum Vorbild. Das lässt sich gut an der Darstellung der Gräfin Reventlow (Abb. 1), aber auch an dem Porträt Delcassés (Abb. 3) zeigen, insbesondere wenn man ein anderes von Panizzas Blättern dazu in Beziehung setzt: Die Formung von Stirn und Augen aus einem Halbrund in einer einzigen Linie, die zwei Schleifen am unteren Rand bildet, ist nahe verwandt mit Panizzas Darstellung eines Portemonnaies (Abb. 8) und macht damit den im Reim gebotenen Vergleich mit einer Schatulle (frz. Cassette) augenfällig. Die Erinnyen mögen Panizza durch ihre vereinfach-

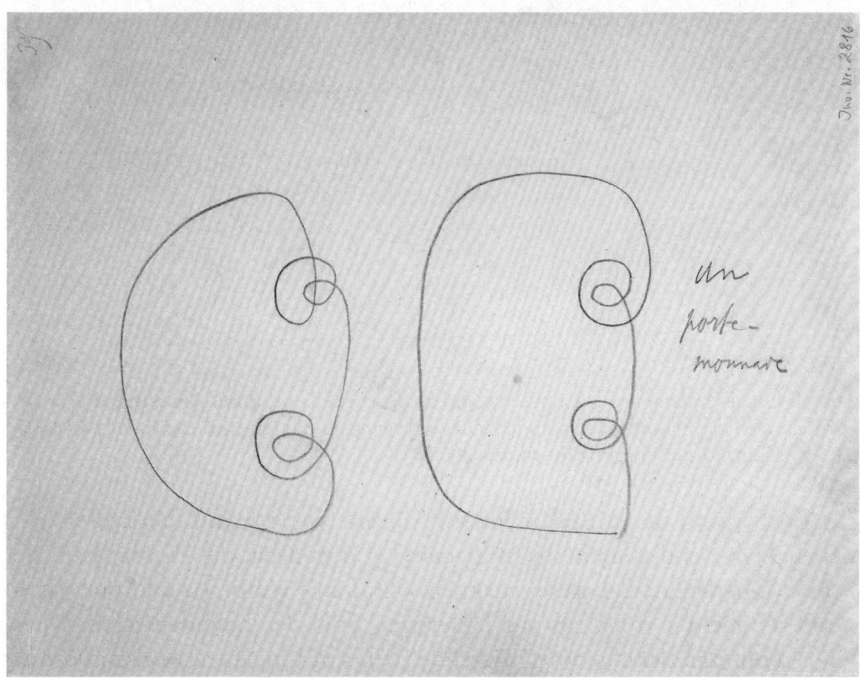

Abb. 8: Oskar Panizza: »un / porte- / monnaie«, Bleistift auf Papier, 21,5 x 17 cm, Sammlung Prinzhorn, Inv.Nr. 2816 verso.

Abb. 9: Oskar Panizza: »pour Gambetta / das ist die / neueste graciöse / Amantha, die / ebenfalls aus / der Schule / Oberlaender's / hervorgegangen. / zu fein!«, Bleistift auf Papier, 21,5 x 17 cm, Sammlung Prinzhorn, Inv.Nr. 2812.

ten Körper und deren Reduktion auf simple Umrisse an Oberländer erinnert haben. Bei der »neueste[n] graciöse[n] Amantha, die ebenfalls aus der Schule Oberlaender's hervorgegangen – zu fein!« (Abb. 9), und der »schöne[n] Zimbelin« von dem »verfeinertsten Stile des hochdeutschen Meisters«[37] kommen noch geometrisierende (teils mit Lineal erarbeitete) Formen und ein additiver Aufbau hinzu.

Nähe zur *Outsider Art*

Und nicht nur Panizzas Art der Darstellung erinnert an Oberländer. Wie dessen Zeichnungen vermitteln die des Schriftstellers eben auch Tiefsinn, teilweise sogar abgründigen Ernst trotz aller Ironie, Verspieltheit und Karikatur. Panizzas Entwürfe für die bildlichen Vignetten seines »Laokoon«-Manuskriptes könnten ihm bereits bewusst gemacht haben, dass in verknappten, inhaltlich aufgeladenen Darstellungen seine Stärke lag. Die vermeintlich kindlichen Zeichnungen Oberländers spornten ihn dann offenbar an, die Gestaltung seiner eigenen Bildideen ebenfalls mehr und mehr zu reduzieren. Hinzu kam möglicherweise die Überzeugung, durch bestimmte Motive magisch das Schicksal von missliebigen Personen beeinflussen zu können. Das mag auch erklären, warum Panizzas neue bildkünstlerische Tätigkeit solchen Umfang annahm.

Diese Produktion lässt an die ebenfalls meist spontan einsetzenden und umfangreichen ›Selbstrettungsprojekte‹ mit bildkünstlerischen Mitteln von anderen Menschen denken, die eine schwere existenzielle Erschütterung erlebt haben. Oftmals sehen diese Männer und Frauen das von ihnen dabei Geschaffene noch nicht einmal als Kunst, sondern als Mittel, um sich psychisch zu stabilisieren oder sogar um auf neue Weise in die Realität einzugreifen. Diese Haltung und eine gestalterische Originalität, die sie von traditionellem und aktuellem künstlerischen Schaffen abhebt, qualifizieren solche Werke als *Art brut* oder *Outsider Art*, wobei sie trotz starker Bindung an die spezifische Existenz ihrer Schöpfer und die Irrationalität vieler Inhalte auf verblüffende Weise bedenkenswerte Beiträge zu aktuellen Diskursen leisten.[38]

Panizza kämpfte mit seinen originellen Zeichnungen auf für ihn ungewöhnliche Weise gegen die ab 1905 erdrückende Erfahrung seiner Ohnmacht und Unfreiheit an. Dies, aber auch die Menge und die Irrationalität seiner Schöpfungen rückt sie in die Nähe von *Outsider Art*. Die Orientierung an humoristischen Werken Oberländers macht ihn aber zu einem Grenzgänger der damaligen Kultur, auch wenn Zeitgenoss:innen den Blättern sicherlich kaum etwas abgewinnen konnten. Uns erlauben sie nicht nur einzigartige Einblicke in die eigensinnige Gedankenwelt des psychiatrisierten Schriftstellers, in die ihn beherrschenden Verschwörungstheorien und Beziehungsideen. Bei aller Irrationalität reflektieren sie auch eine wesentliche Facette des Zeitgeistes, verzerren sie sozusagen zur Kenntlichkeit: die Unterdrückung damaliger obrigkeitskritischer Individuen durch den Machtapparat des Kaiserstaates mit Hilfe von Rechtsprechung und ärztlicher Diagnose. Gerne hätten wir heute mehr Einblick in die Positionierung Panizzas mit grafischen Mitteln. Es ist bedauerlich, dass sie nur in kleinem Ausschnitt erhalten geblieben ist.

1 Michael Farin: »Ein Schauspiel der Andern. Notizen zum Umfeld«, in: Oskar Panizza: »Pour Gambetta! Sämtliche in der Prinzhorn-Sammlung der Psychiatrischen Universitätsklinik Heidelberg und im Landeskirchlichen Archiv Nürnberg aufbewahrte Zeichnungen«, hg. von Armin Abmeier, Michael Farin und Roland Hepp, München 1989, S. 61–63. — **2** Sammlung Prinzhorn, Universitätsklinikum Heidelberg, Inv.Nr. 2796–2829; Maße durchgehend 21,5 x 17 cm. — **3** Landeskirchliches Archiv der Evangelisch-Lutherischen Kirche in Bayern, 8.7.0033, Nachlass V (Lippert); unterschiedliche Maße. — **4** Sammlung Prinzhorn, Universitätsklinikum Heidelberg, Inv.Nr. 2829/1-6; Maße: 21 x 33,6 cm. — **5** Ebd., Archiv. — **6** Bettina Brand-Claussen: »Zwischen Achtung und Ächtung. Geschichte einer verrückten Sammlung«, in: »Einführung in die Sammlung Prinzhorn«, hg. von Ingrid von Beyme und Thomas Röske, Heidelberg 2020, S. 4–14. — **7** Sammlung Prinzhorn, Universitätsklinikum Heidelberg, Archiv. — **8** Jürgen Müller: »Oskar Panizza. Versuch einer immanenten Interpretation«, Diss. med., Würzburg 1990, S. 146. — **9** Hans Prinzhorn: »Bildnerei der Geisteskranken. Ein Beitrag zur Psychologie und Psychopathologie der Gestaltung«, Berlin 1922, S. 5. — **10** Münchner Stadtbibliothek/Monacensia, P/b 576. — **11** Unbekannt: »Herr Pfarrer Kneipp behandelt den Papst kalt«, undatiert, Bleistift auf Papier, Münchner Stadtbibliothek/Monacensia, P/b 576; abgebildet in Michael Bauer / Christine Gerstacker: »Oskar Panizza. Ein Lesebuch«, München 2019, S. 112. — **12** Unbekannt, ohne Titel [Die Kunst schreitet durch ihre Kritiker], undatiert, Bleistift, Farbstift und Tusche laviert auf Papier, Münchner Stadtbibliothek/Monacensia, P/b 576; abgebildet in Bauer / Gerstacker: »Oskar Panizza«, a. a. O., S. 76. — **13** Oskar Panizza: »Laokoon oder Über die Grenzen der Mezgerei: eine Schlangenstudje. Mit Motiven von Otto Greiner«, hg. von Wilhelm Lukas Kristl, München 1966. — **14** Julius Vogel: »Otto Greiners Graphische Arbeiten in Lithographie, Stich und Radierung«, Dresden 1917, S. 76. — **15** Panizza: »Laokoon«, a. a. O., S. 4 und 8. — **16** Müller: »Oskar Panizza«, a. a. O., S. 137 und 148. — **17** Oskar Panizza: »Imperjalja«, hg. von Jürgen Müller, Hürtgenwald 1993, S. 84. — **18** Jürgen Müller: »Der Pazjent als Psychiater. Oskar Panizzas Weg vom Irrenarzt zum Insassen«, Bonn 1999, S. 186. — **19** Sammlung Prinzhorn, Inv.Nr. 2814 recto und verso sowie 2815. — **20** Müller: »Oskar Panizza«, a. a. O., S. 164. — **21** Diese Reduktion lässt bereits an Rudolf Bellings (1886–1972) berühmte Skulptur »Bildnis des Kunsthändlers Alfred Flechtheim« (1927) denken: Rudolf Belling, Bildnis Alfred Flechtheim, 1927, Bronze, 18,7 x 12 x 13 cm; ein Exemplar besitzt die Nationalgalerie Berlin, vgl. Dieter Scholz / Christina Thomson (Hg.): »Rudolf Belling. Skulpturen und Architekturen«, Ausstellungskatalog Nationalgalerie, Staatliche Museen zu Berlin, München 2027, Kat. 25. — **22** Müller: »Der Pazjent als Psychiater«, a. a. O., S. 185 f. — **23** Sammlung Prinzhorn, Inv.Nr. 2808. — **24** Müller: »Der Pazjent als Psychiater«, a. a. O., S. 185. — **25** Sammlung Prinzhorn, Inv.Nr. 2810 und 2796 verso. — **26** Sammlung Prinhorn, Inv.Nr. 2801, 2812, 2818, 2819, 2820. — **27** Müller: »Oskar Panizza«, a. a. O., S. 137. — **28** Sammlung Prinzhorn, Inv.Nr. 2809, vgl. 2810. — **29** Es handelt sich also nicht um eine »orthographische Variation« des Wortes ›Tot‹ wie Müller meint. Vgl. »Der Pazjent als Psychiater«, a. a. O., S. 186. — **30** Sammlung Prinzhorn, Inv.Nr. 2826 recto. — **31** Sammlung Prinzhorn, Inv.Nr. 2828 verso. — **32** Vergleichbar ist in diesem Aspekt die noch wesentlich umfangreichere Produktion der psychiatrieerfahrenen Künstlerin Vanda Vieira-Schmidt (1949–2023), die mit ihren Zeichnungen böse Kräfte zu neutralisieren und dem Weltfrieden zu sichern glaubte, vgl. Thomas Röske: »Sedimente der Sorge. Der Weltfrieden als künstlerisches Projekt von Vanda Vieira-Schmidt«, in: »Vanda Vieira-Schmidt. Weltrettungsprojekt«, Ausstellungskatalog Kleisthaus, Berlin 2008, S. 7–13. — **33** Oskar Panizza: »Genie und Wahnsinn« (1891), in: Ders.: »Werke«, hg. von Peter Staengle und Günther Emig, Niederstetten 2020, Bd. 3: »Genie und Wahnsinn. Aus dem Tagebuch eines Hundes. Die unbefleckte Empfängnis der Päpste« (Nachwort von Joela Jacobs), S. 5–48. — **34** Ebd., S. 21. — **35** Ebd., S. 23 f. — **36** Adolf Oberländer: »Schreibheft des kleinen Moritz«, Siegen 1985. — **37** Sammlung Prinzhorn, Inv.Nr. 2813. — **38** Neben Vanda Vieira-Schmidt lässt sich hier etwa auf Harald Bender alias Adelhyd van Bender (1950–2014) oder auf Théophile Bra (1797–1863) verweisen; zum Begriff *Outsider Art* vgl. Thomas Röske: »Outsider Art. Geschichte und Gegenwart einer Idee«, in: »Gewächse der Seele. Pflanzenfantasien zwischen Symbolismus und Outsider Art«, hg. vom Wilhelm Hack Museum, Ludwigshafen, Berlin 2019, S. 12–16.

Tamara Klarić

Biografie

1853

Am 12. November wird Leopold Hermann Oskar Panizza in Bad Kissingen geboren. Sein Vater Carl (Hotelier des Russischen Hofes) ist strenger Katholik, die Mutter Mathilde (geb. Speeth) Protestantin. Entgegen dem Wunsch seiner Mutter wird Oskar Panizza katholisch getauft.

1855–1861

Am 26. November 1855 stirbt Panizzas Vater. Es beginnt eine mehrjährige Auseinandersetzung zwischen Mathilde Panizza und den katholischen Amtsträgern in Bayern. Im sogenannten Bad Kissinger Religionsstreit kämpft sie darum, ihre Kinder protestantisch erziehen zu dürfen. Formaljuristisch verliert sie, praktisch kann das Verbot nicht umgesetzt werden. In der Folge soll Oskar Panizza Pfarrer werden.

1860–1868

Panizza erhält zunächst Privatunterricht, ehe er ab 1863 die pietistische Enklave der Brüdergemeinde in Korntal zur Vorbereitung auf das Gymnasium besucht. Die Erfahrungen der streng religiösen Erziehung prägen ihn.

1868

Panizza wechselt auf das Gymnasium in Schweinfurt und ist beim Buchhändler Heinrich Adam Giegler untergebracht. Er nimmt ersten Klavierunterricht, der den Wunsch reifen lässt, eine musikalische Karriere einzuschlagen.

1870–1872

Panizza besucht ein Münchner Gymnasium ohne Abschluss, 1871 wechselt er auf die Handelsschule, welche er unregelmäßig besucht. Seine musikalische Ausbildung setzt er in der Gesangsklasse des Konservatoriums fort.

1873–1875

Panizza nimmt 1873 auf Wunsch der Mutter eine Banklehre in Nürnberg auf, wird aus dieser jedoch rasch wieder entlassen. Auch den im selben Jahr begonnenen Militärdienst als Einjährig-Freiwilliger beim III. Bayerischen Infanterie-Regiment schließt er nicht ab, sondern scheidet im Herbst 1874 aus. Er unternimmt erste literarische, zeichnerische und kompositorische Versuche und kehrt auf das Konservatorium nach München zurück. Seine Lektüre zeichnet sich bereits hier durch eine Vielfalt an Themen aus.

1876–1881

Panizza besucht erneut das Schweinfurter Gymnasium und holt das Abitur 1876 nach. Anschließend beginnt er sein Medizinstudium in München. Im Frühjahr 1878 unternimmt er eine Reise durch Norditalien und nach Neapel; es entstehen Anatomiestudien und Aktzeichnungen. Später behauptet Panizza, sich in dieser Zeit mit Syphilis infiziert zu haben. Er beendet seine Promotion 1880 mit der Dissertation »Über Myelin, Pigment, Epithelien und Micrococcen im Sputum« (1881 gedruckt), die mit *summa cum laude* bewertet wird. 1880 bereist er England und Frankreich; 1881 folgt ein halbjähriger Aufenthalt in Paris.

1882–1884

Panizza arbeitet als Assistenzarzt und Psychiater an der Oberbayerischen Kreisirrenanstalt in München unter Bernhard Gudden. Er gibt das Arbeitsverhältnis auf, nachdem sich Fälle psychischen Leidens in seiner Familie häufen. Panizza befürchtet, erblich belastet zu sein und selbst psychischen Schaden an der Arbeit zu nehmen. Daraufhin lässt er sich kurzzeitig als praktischer Arzt nieder, ehe er ab Herbst 1884 eine jährliche Rente aus dem Familienerbe erhält.

1885–1886

Panizza widmet sich vollständig der Literatur. Seine erste literarische Publikation ist der Gedichtband »Düstre Lieder« (1885; Impressum datiert auf 1886). 1886 hält er sich zeitweise in London auf und arbeitet an einem zweiten Gedichtband. Anschließend kehrt er nach München zurück.

1887

Veröffentlichung des Gedichtbandes »Londoner Lieder«.

1889

Veröffentlichung des Gedichtbandes »Legendäres und Fabelhaftes«. Panizza wendet sich der italienischen Sprache und Kultur zu und reist nach Italien.

1890

Panizza etabliert sich im Kreis der Münchner Moderne um Michael Georg Conrad. Er wird Mitglied in der »Gesellschaft für modernes Leben« und arbeitet bei der zugehörigen Zeitschrift »Die Gesellschaft« mit. Er veröffentlicht seinen ersten Erzählband »Dämmrungsstücke«, der neben weiteren die Erzählungen »Das Wachsfigurenkabinet« und »Die Menschenfabrik« enthält. Bis 1901 publiziert er unter anderem in »Die Gesellschaft«, in den »Modernen Blättern«, in der »Wiener Rundschau«, der »Neuen Deutschen Rundschau« und »Pan«. Seine journalistischen Beiträge sind insbesondere literarhistorischen, volkskundlichen und theaterwissenschaftlichen Inhalts.

1891

Panizza hält seinen Vortrag »Genie und Wahnsinn« in der »Gesellschaft für modernes Leben«. Aufgrund der dortigen Mitgliedschaft folgt seine unehrenhafte Entlassung als Landwehr-Assistenzarzt. Mit »Das Verbrechen in Tavistock-Square« beginnt eine Reihe von Veröffentlichungen, die von den Behörden zensiert werden. Daneben setzt sich Panizza für den Verein »Freie Bühne« ein, der am 8. Mai von der »Gesellschaft für modernes Leben« konstituiert wird.

1892

Veröffentlichung der Satire »Aus dem Tagebuch eines Hundes«.

1893

Panizza veröffentlicht seinen zweiten Erzählband »Visionen«, der unter anderem die Erzählungen »Eine N[…]geschichte«,[1] »Der Corsetten-Fritz«, »Ein skandalöser Fall«, »Der operirte Jud'« und »Der Goldregen« enthält. Als Versammlungsleiter einer Protestversammlung im Münchner Orpheum gegen die *Lex Heinze* betätigt sich Panizza erstmals politisch. Er publiziert die Satire »Die unbefleckte Empfängnis der Päpste«, welche verboten wird.

1894

Veröffentlichung des Dramas »Der heilige Staatsanwalt« und der beiden antikatholischen Kampfschriften »Der teutsche Michel und der römische Papst. Altes und Neues aus dem Kampfe des Teutschtums gegen römisch-wälsche Überlistung und Bevormundung in 666 Tesen und Zitaten« und »Die unbefleckte Empfängnis der Päpste«. Im Herbst wird »Das Liebeskonzil. Eine Himmels-Tragödie in fünf Aufzügen« in der Schweiz publiziert (vordatiert auf 1895).

1895

Panizza wird in München wegen Gotteslästerung in über 90 Fällen angeklagt und verurteilt. Das »Liebeskonzil« wird nicht als »unzüchtige Schrift« nach § 184 des Strafgesetzbuchs eingestuft, sondern als »gotteslästerliches Ärgernis« nach § 166. Die Folge ist ein deutlich höheres Strafmaß von einem Jahr Haft. Nach Antritt derselben im August entsteht sein fragmentarisches Manuskript »Ein Jahr im Gefängnis – mein Tagebuch aus Amberg«, in dem er Kritik am bayerischen Justizsystem übt. Des Weiteren verfasst er hier »Dialoge im Geiste Hutten's« und »Abschied von München«; beide Werke werden jedoch erst später publiziert. Zudem wird »Der Illusionismus und Die Rettung der Persönlichkeit. Skizze einer Weltanschauung« veröffentlicht. Der Einakter »Ein guter Kerl« (1896 gedruckt) wird am 11. Oktober als einziges Stück zu Lebzeiten Panizzas öffentlich uraufgeführt.

1896

Es erscheint eine zweite Auflage des »Liebeskonzils«, welche mit einer Zueignung und einem Vorspiel versehen ist. Das Prosastück »Die gelbe Kröte« (im Mai/Juni 1894 entstanden) wird in einem Sonderdruck publiziert. Im August wird Panizza aus der Haft entlassen, anschließend emigriert er im Oktober nach Zürich. Dort erscheint das Pamphlet »Abschied von München« und wird beschlagnahmt.

1897

Die dritte Auflage des »Liebeskonzils« wird veröffentlicht: Sie ist um ein Vorwort und 35 Seiten »Kritische Stimmen über ›Das Liebeskonzil‹« ergänzt, außerdem wurde der vierte Aufzug erweitert. Panizza gründet die »Literarischen Diskußionsabende in Zürich« für den Kreis der dortigen Modernen und die Zeitschrift »Zürcher Diskußionen«. Darin werden auch »Dialoge im Geiste Hutten's« und »Agnes Blannbekin eine östreichische Schwärmerin aus dem 13. Jahrhundert nach den Quellen« publiziert.

1898

Panizza veröffentlicht die historische Tragödie »Nero« und die satirische Schrift »Psichopatia criminalis«: Hierin entwirft er eine gleichnamige Geisteskrankheit, die jeglichen Andersdenkenden attestiert werden könne, um sie in sogenannten Irrenanstalten oder Gefängnissen unterbringen zu können. Im Oktober folgt die Ausweisung Panizzas aus der Schweiz; offiziell geschieht dies aufgrund seines Umgangs mit einer minderjährigen ›Prostituierten‹, er selbst vermutet politische Gründe. Er zieht nach Paris.

1899

Die Gedichtsammlung »Parisjana. Deutsche Verse aus Paris« löst aufgrund von Majestätsbeleidigung eine internationale Fahndung aus.

1900

Panizzas in Deutschland befindliches Vermögen wird durch die bayerischen Behörden beschlagnahmt, um ihn zur Rückkehr ins Deutsche Reich zu zwingen. Weil er meint, an einer akustischen Wahrnehmungsstörung zu leiden, attestiert er sich erstmals selbst Halluzinationen.

1901

Panizza stellt sich im April der Münchner Justiz. Er wird verhaftet und in das Landgerichtsgefängnis Fronfeste am Anger gebracht. In der Münchner Kreisirrenanstalt wird sein Geisteszustand untersucht, ehe er weitere vier Wochen in Haft verbringt. Ende August wird Panizza entlassen, da er im Ausland lebt und eine Verurteilung deshalb nicht möglich ist. Stattdessen wird er für unzurechnungsfähig erklärt, womit eine Grundlage für seine Entmündigung im Jahr 1905 geschaffen wird. Er kehrt nach Paris zurück.

1902

Panizza zieht sich immer weiter von der Außenwelt zurück. Ihre Geschehnisse nimmt er zunehmend als nebensächlich wahr, was eine schwere psychische Krise auslöst. Er attestiert sich erneut Halluzinationen und glaubt sich von Kaiser Wilhelm II. und dessen ›Agenten‹ politisch verfolgt. Die letzte Ausgabe der »Zürcher Diskußionen« erscheint mit der Fünffachnummer 28–32.

1903

Panizza beginnt, eine Dissoziation der Persönlichkeit an sich wahrzunehmen. Er verfasst die nicht veröffentlichten »Imperjalja«.

1904

Im Juni verlässt Panizza Paris und reist nach München. Anfang Juli begibt er sich in die private Nervenheilanstalt Neufriedenheim, aus der er zehn Tage später wieder verwiesen wird. Ihn plagen Selbstmordgedanken. Am 19. Oktober wird er zwangseingewiesen, nachdem er nur in Unterwäsche bekleidet zum Siegestor läuft. Es wird vermutet, dass Panizza mit dieser Aktion seine Einweisung provozieren wollte.

1905

Am 5. Februar erfolgt Panizzas Einweisung in die Reform-Psychiatrie St. Gilgenberg bei Bayreuth. Im Entmündigungsverfahren am 28. März trägt er seine »Selbstbiographie« vor Gericht vor. Bis heute ist unklar, inwiefern Panizza tatsächlich psychisch krank war; Hinweise von ihm und ihn umgebenden Personen lassen keine eindeutigen Aussagen zu.

1906

Panizzas letztes erhaltenes Manuskript trägt das Datum des 7. November. Während dieser Zeit in der Reform-Psychiatrie sind vermutlich auch seine Zeichnungen entstanden, da einige von ihnen die Angabe 1906 enthalten.

1908

Panizza wird in die private Heilanstalt Herzoghöhe bei Bayreuth verlegt.

1915

Am 13. August stirbt Mathilde Panizza.

1921

Nach einem wiederholten Schlaganfall stirbt Panizza am 28. September im Alter von 67 Jahren. Am 30. September wird er auf dem städtischen Friedhof von Bayreuth beigesetzt.

1 Zu den Gründen der hier von den Herausgeberinnen vorgenommenen Auslassung siehe Grada Kilomba: »Das N-Wort«, in: »Bundeszentrale für politische Bildung« (3. Juni 2009), http://www.bpb.de/gesellschaft/migration/afrikanische-diaspora/59448/das-n-wort.

Joela Jacobs / Tamara Klarić / Nike Thurn

Auswahlbibliografie

Für eine detaillierte Auflistung der Werke Oskar Panizzas vgl. die aufgeführten Bibliografien von Horst Stobbe: »Oskar Panizzas literarische Tätigkeit. Ein bibliographischer Versuch« (1925) und Michael Bauer und Rolf Düsterberg: »Oskar Panizza. Eine Bibliographie« (1988), Michael Bauers Band »Oskar Panizza« (1984, aktualisierte Ausgabe 2019) sowie die 2019 begonnene und nun fast abgeschlossene zehnbändige Werkausgabe, herausgegeben von Peter Staengle und Günther Emig. Zudem liegen zahlreiche Teilausgaben und Text-sammlungen sowie Übersetzungen einzelner Texte in andere Sprachen vor, u. a. Englisch, Französisch, Italienisch, Niederländisch, Russisch und Spanisch. Online finden sich u. a. die »Oskar-Panizza-Reihe« im Blog des Literaturportals Bayern unter https://www.literaturpor tal-bayern.de/journal?task=lpbblogs&layout=category&category=180, eine Materialsamm-lung unter http://www.oskar-panizza.de/ sowie http://www.polunbi.de/pers/panizza-01. html und ein Podcast sowie die Vorträge einer Ringvorlesung zum 100. Todesjahr des Autors unter https://panizza.arizona.edu/.

Allred, Mason: »Foreign Bodies. Border Control, Jewish Identity and ›Der Student von Prag‹ (1913)«, in: »Jewish Studies Quarterly« 21/3 (2014), S. 277–295.

Althaus, Hans Peter: »Mauscheln. Ein Wort als Waffe«, Berlin 2002.

Baßler, Moritz: »Deutsche Erzählprosa 1850–1950. Eine Geschichte literarischer Verfahren«, Berlin 2015.

Bauer, Michael: »Oskar Panizza. Ein literarisches Porträt«, München 1984.

Bauer, Michael: »Oskar Panizza«, in: »Deutsche Dichter«, hg. von Gunter E. Grimm und Frank R. Max, Stuttgart 1989, Bd. 6: »Realismus, Naturalismus und Jugendstil«, S. 275–284.

Bauer, Michael und Düsterberg, Rolf: »Oskar Panizza. Eine Bibliographie«, Frankfurt/M. 1988.

Bauer, Michael: »Oskar Panizza. Exil im Wahn. Eine Biografie«, München 2019.

Bauer, Michael: »Blasphemie und ›Gladius Dei‹. Oskar Panizza und München«, in: Gabriele von Bassermann-Jordan, Waldemar Fromm und Kristina Kargl (Hg.): »Freunde der Monacensia e. V. – Jahrbuch«, München 2021, S. 156–168.

Benjamin, Walter: »E. T. A. Hoffmann und Oskar Panizza«, in: Ders.: »Gesammelte Schriften«, hg. von Rolf Tiedemann und Hermann Schweppenhäuser, Frankfurt/M.

1977, Bd. II/2: »Aufsätze, Essays, Vorträge«, S. 641–648.

Berling, Peter: »Liebeskonzil. Filmbuch«, München 1982.

Bierbaum, Otto Julius: »Oskar Panizza«, in: »Die Gesellschaft« III (1893), S. 977–989.

Binder, Frauke: »›Der zensierte Dämon‹. Oskar Panizzas ›Liebeskonzil‹ und die Mechanismen der Zensur«, Magisterarbeit, Universität Hannover 1996.

Bischoff, Doerte: »Poetischer Fetischismus. Der Kult der Dinge im 19. Jahrhundert«, Paderborn 2013.

Bläsing, Walter: »Oskar Panizza«, in: Hanns Heinz Ewers (Hg.): »Führer durch die moderne Literatur. Dreihundert Würdigungen der hervorragendsten Schriftsteller unserer Zeit«, Berlin 1911, S. 131.

Bodemann, Y. Michal: »Jews, Germans, Memory. Reconstructions of Jewish Life in Germany«, Ann Arbor 1996.

Boeser, Knut: »Der Fall Oskar Panizza. Ein deutscher Dichter im Gefängnis«, Berlin 1989.

Böttjer, Uwe (Hg.): »Oskar Panizza und die Folgen. Bilder und Texte zur Wiederaufführung seines Liebeskonzils«, Brunsbüttel o. J.

Brown, Peter D. G.: »Oskar Panizza. His Life and Works«, New York 1983.

Brown, Peter D.G.: »The Continuing Trials of Oskar Panizza. A Century of Artistic Censorship in Germany, Austria and beyond«, in: »German Studies Review« 24/3 (2001), S. 533–556.

Brown, Peter D.G.: »Oskar Panizza and ›The Love Council‹. A History of the Scandalous Play on Stage and in Court, with the Complete Text in English and a Biography of the Author«, Jefferson 2010.

Byatt, A.S.: »Children's Book«, New York 2009.

Chiarini, Giovanni: »Oskar Panizza, quasi una scoperta«, in: »Istituto Universitario Orientale di Napoli. Annali. Sezione Germanica« 28 (1985), S. 303–325.

Chiarini, Giovanni: »Metafora e realtà grottesca in ›Eine Mondgeschichte‹ di Panizza«, in: »Istituto Universitario Orientale di Napoli. Annali. Sezione Germanica« 29 (1986), S. 133–163.

Chiarini, Giovanni: »Vagabondi, ›Sonderlinge‹ e marionette nella narrativa di Oskar Panizza«, Neapel 1989.

Chiarini, Giovanni: »›Lieber an den Waßern Babylons sizen‹. Solitudine e lotta politica di uno scrittore in esilio«, in: »Istituto Universitario Orientale di Napoli. Annali. Sezione Germanica« 6/1 (1996), S. 179–198.

Chiarini, Giovanni: »›Wenn ich nicht an den Kampf der Geister glaubte, dann müsste ich an Deutschland verzweifeln‹. La lotta politica di Oskar Panizza in difesa dell'humanitas borghese«, in: Paolo Chiarini, Bernhard-Arnold Kruse und Ferruccio Masini (Hg.): »Il cacciatore di silenzi. Studi dedicati a Ferruccio Masini«, Rom 2003, Bd. 2, S. 497–517.

Chiarini, Giovanni: »Theodor Fontane e Oskar Panizza. Note su un saggio mai scritto«, in: »Università degli Studi di Napoli l'Orientale. Annali. Sezione germanica« 18/1 (2008), S. 81–94.

Deschner, Karlheinz: »Oskar Panizza«, in: Ders. (Hg.): »Das Christentum im Urteil seiner Gegner«, Wiesbaden 1971, Bd. 2, S. 7–27.

Donahue, William Collins: »The End of Modernism. Elias Canetti's ›Auto-da-Fé‹«, Chapel Hill 2001.

Düsterberg, Rolf: »Fina Zacharias und Oskar Panizza«, in: »Carinthia I. Zeitschrift für geschichtliche Landeskunde von Kärnten« 176 (1986), S. 253–268.

Düsterberg, Rolf: »Moral und Sexualität in den Schriften Oskar Panizzas«, in: »Zeitschrift für Sexualforschung« 1/4 (1988), S. 365–378.

Düsterberg, Rolf: »Die ›gedrukte Freiheit‹. Oskar Panizza und die Zürcher Diskußjonen«, Frankfurt/M. 1988.

Düsterberg, Rolf: »›Die Auferstehung des Schweins in München‹. Eber und Sau in den Schriften Oskar Panizzas«, in: Dorothee Römhild (Hg.): »Die Zoologie der Träume. Studien zum Tiermotiv in der Literatur der Moderne«, Opladen 1999, S. 124–133.

Ewers, Hanns Heinz: »Zum Epilog. Ein paar Worte des Herausgebers«, in: Oskar Panizza: »Visionen der Dämmerung«, hg. von Hanns Heinz Ewers, München 1917, Galerie der Phantasten, Bd. 3, S. 375–380.

Fallmann, Rudolf: »›Das Liebeskonzil‹. Eine theologische Replik auf Oskar Panizza«, Innsbruck 2014.

Feldt, Jakob Egholm: »Transnationalism and the Jews. Culture, History and Prophecy«, New York 2016.

Fischer, Alexander M.: »Renaissancismus als Terrorismus? Oskar Panizza und ›Das Liebeskonzil‹«, in: Thomas Althaus und Markus Fauser (Hg.): »Der Renaissancismus-Diskurs um 1900«, Bielefeld 2017, S. 199–224.

Fischer, Jens Malte: »Deutschsprachige Phantastik zwischen Décadence und Faschismus«, in: Rein A. Zondergeld (Hg.): »Phaïcon 3. Almanach der phantastischen Literatur«, Frankfurt/M. 1978, S. 93–130.

Förderer, Manuel: »›Nun kommen aber die Fehler hintennachgehinkt‹. Zur Poetologie des Defekten bei Oskar Panizza«, in: Dennis Borghardt und Florian Lehmann (Hg.): »Kann das weg? Literarisierungen des Defekten und Defizitären«, Hannover 2022, S. 91–114.

Fontane, Theodor: »An Maximilian Harden (22. Juli 1895)«, in: Ders.: »Schriften zur Literatur«, hg. von Hans-Heinrich Reuter, Berlin 1960, S. 299.

Foucault, Michel: »Herculine Barbin dite Alexina B.«, Paris 1978.

Fox-Muraton, Melissa: »Artaud, Panizza, et le Moi face à l'asile de fous. Écriture contre la folie ou écriture folle?«, in: Lise Dumasy-Queffelec und Hélène Spengler (Hg.): »Médecine, sciences de la vie et littérature en France et en Europe de la Révolution à nos jours«, Genf 2014, Bd. 1: »Herméneutique et Clinique«, S. 309–322.

Fromm, Waldemar: »Die authentische, katholische, sinnliche und tote Stadt. Über literarische Münchenbilder bis 1900«, in: Ders., Wolfram Göbel und Kristina Kargl (Hg.): »Freunde der Monacensia e. V. – Jahrbuch«, München 2016, S. 71–83.

Galle, Heinz J.: »Oskar Panizza. Ein Porträt«, in: »Fantasia« 91/92 (1994), S. 55–100.

Geller, Jay: »On Freud's Jewish Body. Mitigating Circumcision«, New York 2007.

Geller, Jay: »The Other Jewish Question. Identifying the Jew and Making Sense of Modernity«, New York 2011.

Gilman, Sander L.: »Jewish Self-Hatred. Jewish Antisemitism and the Hidden Language of the Jews«, Baltimore 1986.

Gilman, Sander L.: »Anti-Semitism and the Body in Psychoanalysis«, in: »Social Research« 57/4 (1990), S. 993–1017.

Gilman, Sander L.: »Freud, Race, and Gender«, Princeton 1993.

Gilman, Sander L.: »The Case of Sigmund Freud. Medicine and Identity at the Fin de Siècle«, Baltimore 1993.

Gilman, Sander L.: »Franz Kafka. The Jewish Patient«, New York 1995.

Gilman, Sander L.: »Creating Beauty to Cure the Soul. Race and Psychology in the Shaping of Aesthetic Surgery«, Durham 1998.

Gronau, Magdalena: »Der Psychiater als Literat – der Literat als ›Psichopat‹ – der ›Psichopat‹ als Psychiater. Zu den Fallgeschichten des Falls Oskar Panizza. Mit einem Seitenblick auf Foucaults ›Hermaphrodismus‹«, in: Thomas Wegmann und Martina King (Hg.): »Fallgeschichte(n) als Narrativ zwischen Literatur und Wissen«, Innsbruck 2016, S. 195–223.

Hampe, Aron: »Der operierte Jud' (Kurzgeschichte von Oskar Panizza, 1893)«, in: Wolfgang Benz (Hg.): »Handbuch des Antisemitismus. Judenfeindschaft in Geschichte und Gegenwart«, Berlin 2015, Bd. 7: »Literatur, Film, Theater und Kunst«, S. 375–377.

Hertz, Gal: »The Pathologization of Everyday Life. Panizza's Syphilitic Literature«, in: Lutz Greisinger, Sebastian Schüler und Alexander van der Haven (Hg.): »Religion und Wahnsinn um 1900. Zwischen Pathologisierung und Selbstermächtigung«, Würzburg 2017, S. 139–166.

Hildebrandt, Günther: »Oskar Panizza als Bibliophile«, in: »Die Bücherstube. Blätter für Freunde des Buches und der zeichnenden Künste« 1/3-4 (1920), S. 92–98.

Jacobs, Joela: »›… und die ganze pfälzisch-jüdische Sündfluth kam dann heraus‹. Monstrosity and Multilingualism in Oskar Panizza's ›Der operirte Jud'‹«, in: »Zeitschrift für interkulturelle Germanistik« 3/2 (2012), S. 61–73.

Jacobs, Joela: »The Function of Monsters. Loci of Border Crossing and the In-Between«, in: Gerhard Unterthurner und Erik M. Vogt (Hg.): »Monstrosity in Art, Psychoanalysis and Philosophy«, Wien 2012, S. 71–88.

Jacobs, Joela: »The Grammar of Zoopoetics. Human and Canine Language Play«, in: Kári Driscoll und Eva Hoffmann (Hg.): »What is Zoopoetics? Texts, Bodies, Entanglement«, New York 2012, S. 63–80.

Jacobs, Joela: »›Verbrechen wider die Natur‹. Oskar Panizza's First Encounter with Censorship«, in: Godela Weiss-Sussex und Charlotte Woodford (Hg.): »Protest and Reform in the German Literature and Visual Culture, 1871–1918«, München 2015, S. 125–138.

Jacobs, Joela: »Assimilating Aliens. Imagining National Identity in Oskar Panizza's ›Operated Jew‹ and Salomo Friedlaender's ›Operated Goy‹«, in: Ulrike Küchler, Silja Mähl und Graeme Stout (Hg.): »Alien Imaginations. Science Fiction and Tales of Transnationalism«, New York 2015, S. 57–71.

Jacobs, Joela: »Plant Parenthood, or The Fear of Vegetal Eroticism«, in: Caroline Picard (Hg.): »Imperceptibly and Slowly Opening«, Chicago 2016, S. 166–172.

Jacobs, Joela: »Separation Anxiety. Canine Narrators and Modernist Isolation in Woolf, Twain, and Panizza«, in: »Literatur für Leser:innen« 39/3 (2018), S. 153–168.

Jacobs, Joela: »Phytopoetics. Upending the Passive Paradigm with Vegetal Violence and Eroticism«, in: »Catalyst. Feminism, Theory, Technoscience« 5/2 (2019), S. 1–18.

Jacobs, Joela: »A Jewish Frankenstein. Making Monsters in Modernist German Grotesques«, in: Iris Idelson-Shein und Christian Wiese (Hg.): »Monsters, Demons, and Wonders in European-Jewish History«, New York 2019, S. 102–117.

Jacobs, Joela: »›These Lusting, Incestuous, Perverse Creatures‹. A Phytopoetic History of Plants and Sexuality«, in: »Environmental Humanities« 14/3 (2022), S. 602–617.

Jacobs, Joela und Bastian Lasse: »Making Intersex Identity ILLegible. Oskar Panizza's ›Ein skandalöser Fall‹«, in: Stephanie Hilger (Hg.): »The Health Humanities in German Studies«, New York 2024, S. 289–302.

Jacobs, Joela: »Vegetal, Animal, Marginal. The German Literary Grotesque from Panizza to Kafka«, Bloomington 2025.

Jäger, Christian: »Flucht nach vorn. Die anarchische Junggesellenmaschine Oskar Panizzas«, in: Christine Magerski und David Roberts (Hg.): »Kulturrebellen. Studien zur anarchistischen Moderne«, Wiesbaden 2019, S. 83–98.

Jaschke, Gerhard: »Neue Lebensflüsse und Nahrung für unsere Nerven. Von der Notwendigkeit gezielter Skandale. Über Oskar Panizza«, in: »Freibord. Zeitschrift für Literatur und Kunst« 9/40 (1984), S. 107–109.

Jelavich, Peter: »Munich and Theatrical Modernism. Politics, Playwriting, and Performance, 1890–1914«, Cambridge 1985.

Jelavich, Peter: »Am Anfang war Panizza«, in: »Herzattacke« 100 (2018), S. 94–99.

Jelavich, Peter: »Pan(dem)izza. Panizza lesen in der Pandemie«, in: Gabriele von Bassermann-Jordan, Waldemar Fromm und Kristina Kargl (Hg.): »Freunde der Monacensia e. V. – Jahrbuch«, München 2021, S. 169–180.

Kantzenbach, Friedrich-Wilhelm: »Der Dichter Oskar Panizza und der Pfarrer Friedrich Lippert«, in: »Zeitschrift für Religions- und Geistesgeschichte« 26 (1974), S. 125–142.

Ketterl, Anja: »Von Hegemonie und Unentscheidbarkeit. Oskar Panizzas ›Ein scandalöser Fall‹«, in: »Aussiger Beiträge« 10 (2016), S. 99–114.

Ketterl, Anja: »Skandalöses Erzählen. Panizza – Bernhard – Walser«, Doktorarbeit, University of Maryland 2017.

Kistner, Ulrike: »Der wackelnde Thron. Gott, Kaiser und Vaterland bei Oskar Panizza«, in: »Acta Germanica« 17 (1984), S. 99–114.

Klarić, Tamara: »Eine ›Rhetorik der Künstlichkeit und Krankheit‹. Panizzas Erzählbände *Dämmrungsstücke* und *Visionen* zwischen Neoromantik und Krisen der Moderne«, Magisterarbeit, Universität Heidelberg 2023.

Könemann, Sophia: »Von ›Menschen-Bälgen‹, ›kostbaren Rassen‹ und ›Canarienvögeln‹. Fetischismus in Oskar Panizzas Erzählung ›Der Corsetten-Fritz‹«, in: Dies. und Anne Stähr (Hg.): »Das Geschlecht der Anderen. Figuren der Alterität: Kriminologie, Psychiatrie, Ethnologie und Zoologie«, Bielefeld 2011, S. 171–186.

Koschorke, Albrecht: »Schmutz«, in: Oskar Panizza: »Das Schwein in poetischer, mitologischer und sittengeschichtlicher Beziehung«, hg. von Rolf Düsterberg, München 1994, S. 7–17.

Kraus, Karl: »Oscar Panizza. Der teutsche Michel und der römische Papst«, in: »Die Zeit« (1. Dezember 1894), S. 143.

Krčal, Katharina: »Nachahmen und Täuschen. Die ›jüdische Mimikry‹ und der antisemitische Diskurs im 19. und 20. Jahrhundert«, Hildesheim 2022.

Kristl, Wilhelm Lukas: »Der Pamphletist Oskar Panizza. Literarische, medizinische und bibliophile Anmerkungen«, in: »Börsenblatt für den Deutschen Buchhandel« 28 (1972), S. A177-A188.

Kucher, Primus-Heinz: »›Scheiterhaufen‹ oder ›Denkmal‹, ›Provokateur‹ oder ›häretischer Heiligenbildmaler‹? Radikale Realitätssicht in Texten von Oskar Panizza«, in: Erzsébet Forgàcs (Hg.): »Germanistik. Traditionspflege und neue Herausforderungen«, Szeget 2003, S. 117–127.

Kuhlbrodt, Dietrich: »Tiroler Zensur«, in: »Konkret« 2 (2006).

Lang, Birgit: »›Writing Back‹. Literary Satire and Oskar Panizza's ›Psichopatia criminalis‹ (1898)«, in: Dies., Joy Damousi und Alison Lewis (Hg.): »A History of the Case Study. Sexology, Psychoanalysis, Literature«, Manchester 2017, S. 90–118.

Lichti, Marion: »Der letzte Ausweg in die Freiheit. Oskar Panizza. Ein Fall für sich«, Norderstedt 2007.

Lieb, Claudia: »Window-shopping. Fetishistic Transactions in Fictional Prose of the ›Münchner Moderne‹«, in: »Philologie im Netz« 52 (2010), S. 35–49.

Lieb, Claudia: »›Ein Geschlecht läuft neben uns her, seltsam gebildet, die Blicke dunkel und verzehrend‹. Oskar Panizzas Hoffmann-Rezeption und die Münchner Neuromantik«, in: »E. T. A. Hoffmann-Jahrbuch« 19 (2011), S. 90–112.

Lieb, Claudia: »Der Fall Oskar Panizza. Skandalisierung des Skandals um das ›Liebeskonzil‹ durch Recht und Bild«, in: Andrea Bartl und Martin Kraus (Hg.): »Skandalautoren. Zu repräsentativen Mustern literarischer Provokation und Aufsehen erregender Autorinszenierung«, Würzburg 2014, Bd. 1, S. 349–372.

Lieb, Claudia: »Window Dressing. Fetishistic Transactions in Fictional Prose by Oskar Panizza and Thomas Mann«, in: Eva Lia Wyss (Hg.): »Communication of Love. Mediatized Intimacy from Love Letters to SMS«, Bielefeld 2014, S. 307–320.

Lieb, Claudia: »Freedom of Satire? Oskar Panizza's Play ›Das Liebeskonzil‹ in a Series of Trials in Germany and Austria«, in: Ralf Grüttemeier (Hg.): »Exceptio Artis and Theories of Literature in Court«, London 2016, S. 107–122.

Lippert, Friedrich: »In Memoriam Oskar Panizza«, München 1926.

Lothane, Henry Zvi: »Romancing Psychiatry. Paul Schreber, Otto Gross, Oskar Panizza – Personal, Social and Forensic Aspects«, in: Werber Felber, Albrecht Götz von Olenhusen, Gottfried Maria Heuer und Bernd Nitzschke (Hg.): »Psychoanalyse und Expressionismus. 7. Internationaler Otto-Gross-Kongress, Dresden«, Marburg 2010, S. 461–493.

Mahal, Günther: »Liebe in Zeiten der Syphilis. Nachfragen an Oskar Panizzas ›Himmels-Tragödie‹ ›Das Liebeskonzil‹«, in: Horst Albert Glaser (Hg.): »Annäherungsversuche. Zur Geschichte und Äs-

thetik des Erotischen in der Literatur«, Bern 1993, S. 239–277.

Mann, Thomas: »Das Liebeskonzil«, in: »Das Zwanzigste Jahrhundert« 5 (1895), S. 522.

Mann, Thomas: »Betrachtungen eines Unpolitischen (1918)«, in: Ders.: »Gesammelte Werke in 13 Bänden«, hg. von Hans Bürgin und Peter de Mendelssohn, Frankfurt/M. 1990, Bd. 12, S. 9–589.

Meilicke, Elena: »Paranoia und technisches Bild. Fallstudien zu einer Medienpathologie«, Berlin 2021.

Merkl, Helmut: »Von der Mission des Mitleids im Puppenland. Eine Studie zur Erzählkunst Oskar Panizzas«, in: »Michigan Germanic Studies« 22/1 (1996), S. 22–40.

Mitterbauer, Helga: »›Ihr Herrn, mir scheint, der Streit geht schon zu weit‹. Performative Konstruktion von Blasphemie am Beispiel von Oskar Panizzas ›Liebeskonzil‹«, in: Stefan Neuhaus und Johann Holzner (Hg.): »Literatur als Skandal. Fälle – Funktionen – Folgen«, Göttingen 2007, S. 247–256.

Müller, Jürgen: »Oskar Panizza. Versuch einer immanenten Interpretation«, Diss. med., Würzburg 1990.

Müller, Jürgen: »Die ›Imperjalja‹ von Dr. Oskar Panizza. Zur Genese eines politischen Doppelgänger-(Capgras)-Syndroms, in: »Nervenheilkunde« (1998), S. 308–317.

Müller, Jürgen: »Der Pazjent als Psichater. Oskar Panizzas Weg vom Irrenarzt zum Insassen«, Bonn 1999.

Müller, Jürgen: »Panizza, Oskar«, in: Werner E. Gerabek u. a. (Hg.): »Enzyklopädie Medizingeschichte«, Berlin 2005, S. 1093.

Müller-Schwefe, Moritz: »Im Banne dieses wunderlichen Menschen«, in: »Metamorphosen« 3/33 (2013), S. 36–38.

Müller-Schwefe, Moritz: »Urszenen des Tabus um 1900. Ästhetik des Tabus bei Panizza, Wedekind und Schnitzler«, in: »Germanistische Mitteilungen« 41/1 (2015), S. 59–73.

Neau, Patrice: »Oskar Panizza et la Bavière«, in: Jean-Paul Barbe (Hg.): »Melanges offerts à Jacques Grange à l'occasion de son depart à la retraite«, Nantes 1989, S. 221–231.

Neau, Patrice: »Antisemitismus und Antikatholizismus bei Oskar Panizza«, in: »Acta Germanica« 24 (1996), S. 21–33.

Neau, Patrice: »Un cas de fétichisme. ›L'amateur de corsets‹ d'Oskar Panizza«, in: Günter Krause (Hg.): »Literalität und Körperlichkeit«, Tübingen 1997, S. 209–223.

Neau, Patrice: »Le ›Concile d'amour‹ d'Oskar Panizza entre blasphème et provocation«, in: Michel Vanoosthuyse (Hg.): »L'Allemagne insolente«, Aix-en-Provence 2007, S. 81–95.

Pankau, Johannes G.: »Oskar Panizza. Tabubruch und Aufklärung«, in: Ders. (Hg.): »Sexualität und Modernität. Studien zum deutschen Drama des Fin de Siècle«, Würzburg 2005, S. 308–339.

Panter, Peter [i. e. Kurt Tucholsky]: »Der Prozeß«, in: »Die Weltbühne« 10 (1926), S. 383.

Pocai, Susanne: »System-Wahn. Oskar Panizza und Oswald Spengler als Meister der inneren Katastrophe«, in: Ewa Wojno-Owczarska (Hg.): »Literarische Katastrophendiskurse im 20. und 21. Jahrhundert«, Berlin 2019, S. 77–96.

Reichwald, Anika: »Das Phantasma der Assimilation. Interpretationen des ›Jüdischen‹ in der deutschen Phantastik 1890–1930«, Göttingen 2017.

Rosendorfer, Herbert: »Sein Geist zerriß … Ein Gedenkblatt für Oskar Panizza«, in: »Literatur in Bayern« 45 (1996), S. 16–21.

Rösler, Walter: »Ein bißchen Gefängnis und ein bißchen Irrenhaus. Der Fall Oskar Panizza«, in: »Sinn und Form. Beiträge zur Literatur« 32/4 (1980), S. 840–855.

Ruch, Hannes: »Wer ist Oskar Panizza?«, in: Oskar Panizza: »Visionen der Dämmerung«, hg. von Hanns Heinz Ewers, München 1917, Galerie der Phantasten, Bd. 3, S. VII–XV.

Salgaro, Massimo: »›La fabbrica di uomini‹ di Oskar Panizza«, in: María Cecilia Graña (Hg.): »Spiegare l'inspiegabile. Riflessioni sulla letteratura fantastica«, Verona 2008, S. 171–194.

Salgaro, Massimo: »›Un po' di carcere e un po' di manicomio‹. Le prigioni di Oskar Panizza«, in: Anna Maria Babbi (Hg.): »Le loro prigioni«, Verona 2007, S. 291–325.

Santner, Eric: »My Own Private Germany. Daniel Paul Schreber's Secret History of Modernity«, Princeton 1996.

Schmidt, Dietmar: »Assimilations-Experimente. Oskar Panizza liest Karl Marx«, in: Bettine Menke und Thomas Glaser (Hg.): »Experimentalanordnungen der Bildung. Exteriorität – Theatralität – Literarizität«, Paderborn 2014, S. 225–249.

Schneider, Manfred: »Das Attentat. Kritik der paranoischen Vernunft«, Berlin 2010.

Schonlau, Anja: »Warum der Teufel Medizin studiert hat. Antidogmatisches Lachen in Oskar Panizzas Dramensatire ›Das Liebeskonzil‹«, in: Arnd Beise, Ariane Martin und Udo Roth (Hg.): »LachArten. Zur ästhetischen Repräsentation des Lachens vom späten 17. Jahrhundert bis zur Gegenwart«, Bielefeld 2003, S. 165–185.

Schonlau, Anja: »Syphilis in der Literatur. Über Ästhetik, Moral, Genie und Medizin (1880–2000)«, Würzburg 2005.

Schuhbeck, Birgit: »Urszenen des Tabus um 1900. Ästhetik des Tabus bei Panizza, Wedekind und Schnitzler«, in: »Germanistische Mitteilungen« 41/1 (2015), S. 59–73.

Schuhbeck, Birgit: »Paradise Lost. Das Denkmodell des Tabu/Bruchs in Drama, Theater und Gesellschaft um 1900«, Würzburg 2018.

Soceanu, Marion: »Oskar Panizzas Kampf um den Glauben«, in: »Colloquia Germanica« 14/2 (1981), S. 142–157.

Spies, Bernhard: »Panizzas ›Liebeskonzil‹ und die Geschichte der Religionssatire«, in: »Literatur für Leser:innen« 1 (1988), S. 52–64.

Spörl, Uwe: »Die Entmündigung eines Autors. Oskar Panizza als unzurechnungsfähiges ›Genie‹«, in: Michael Niehaus (Hg.): »Unzurechnungsfähigkeiten. Diskursivierungen unfreier Bewußtseinszustände seit dem 18. Jahrhundert«, Frankfurt/M. 1998, S. 237–263.

Stähler, Axel: »The Author's ›derrière‹ and the Ludic Impulse. Oskar Panizza's ›The Operated Jew‹ (1893) and Amy Levy's ›Cohen of Trinity‹ (1889)«, in: Ulrike Brunotte, Jürgen Mohn und Christina Späti (Hg.): »Internal Outsiders – Imagined Orientals? Antisemitism, Colonialism and Modern Constructions of Jewish Identity«, Würzburg 2017, S. 111–128.

Stähler, Axel: »Zionism, the German Empire, and Africa. Jewish Metamorphoses and the Colors of Difference«, Berlin 2019.

Stead, Evanghélia: »Le monstre, le singe et le fœtus. Tératogonie et décadence dans l'Europe fin-de-siècle«, Genf 2004.

Stegmann, Kathrin: »Halluzinatorisches Sehen. Augenblicke des Wahns bei Oskar Panizza und Georg Heym«, Würzburg 2019.

Steinlechner, Gisela: »Fallgeschichten. Krafft-Ebing, Panizza, Freud, Tausk«, Wien 1995.

Stobbe, Horst: »Oskar Panizzas literarische Tätigkeit. Ein bibliographischer Versuch«, München 1925.

Strzolka, Rainer: »Oskar Panizza. Fremder in einer christlichen Gesellschaft. Ein hässliches Pamphlet und eine wilde Kampfschrift«, Berlin 1993.

Süess, Martina: »Führernatur und Fiktion. Charismatische Herrschaft als Phantasie einer Epoche«, Göttingen 2017.

Thurn, Nike: »›Falsche Juden‹. Performative Identitäten in der deutschsprachigen Literatur von Lessing bis Walser«, Göttingen 2015.

Totzke, Ariane: »Der ›transnationale Körper‹ als Kampfplatz. Oskar Panizzas antisemitisches Panoptikum in ›Der operirte Jud'‹«, in: »literaturkritik.de« (4. Juni 2013), https://literaturkritik.de/public/rezension.php?rez_id=17983.

Totzke, Ariane: »Schwindsüchtiger Erlöser, psychotische Pfaffen und ›Der Fall Barbin‹. Oskar Panizzas ästhetischer Vandalismus im Deutschen Kaiserreich«, in: Tim Lörke und Robert Walter-Jochum (Hg.): »Religion und Literatur im 20. und 21. Jahrhundert. Motive, Sprechweisen, Medien«, Göttingen 2015, S. 277–295.

Tuchmann, Emil: »Die Erben Panizzas vereiteln die Herausgabe des Nachlasses«, in: »Die literarische Welt« 5/31 (1929), S. 8.

Vaget, Hans Rudolf: »Thomas Mann und Oskar Panizza. Zwei Splitter zu Buddenbrooks und Doktor Faustus«, in: »Germanisch-Romanische Monatsschrift« 25 (1975), S. 231–237.

Vetter, Isolde: »An Introduction to Oskar Panizza's ›Bayreuth and Homosexuality‹ (1895). ›Checkmate‹, or, ›A Heavenly Tragedy‹ and its Earthly Consequences«, in: »The Opera Quarterly« 22/2 (2006), S. 321–323.

Vogler, Sylvia. »Wider die Religion. ›Das Liebeskonzil‹ von Oskar Panizza in analytischer und rezeptionsgeschichtlicher Betrachtung – unter besonderer Berücksichtigung Österreichs«, Magisterarbeit, Universität Wien 1993.

Voß, Hendrik Christian: »Die Darstellung der Syphilis in literarischen Werken um 1900. Auswirkung wissenschaftlicher Konzepte und sozialer Ideen«, Doktorarbeit, Universität Lübeck 2004.

Wels, Ulrike: »Der individualistische Dämon. Oskar Panizzas dramatische Selbstinszenierung bis zur Katastrophe«, in: Andrea Bartl und Martin Kraus (Hg.): »Skandalautoren. Zu repräsentativen Mustern literarischer Provokation und Aufsehen erregender Autorinszenierung«, Würzburg 2014, Bd. 1, S. 323–348.

Wegmann, Thomas: »Erzählen vor dem Schaufenster. Zu einem literarischen Topos in Thomas Manns ›Gladius Dei‹ und anderer Prosa um 1900«, in: »Internationales Archiv für Sozialgeschichte der deutschen Literatur« 33/1 (2009), S. 48–71.

Werner, Renate: »Geschnürte Welt. Zu einer Fallgeschichte von Oskar Panizza«, in: Bettina Gruber und Gerhard Plumpe (Hg.): »Romantik und Ästhetizismus«, Würzburg 1999, S. 213–232.

Winter, Marcel: »Das Individuum und die Gesellschaft. Herrschaftsmechanismen, Machtstrukturen und Diskurspraktiken im Werk Oskar Panizzas (1853–1921)«, Würzburg 2023.

Wipplinger, Jonathan: »The Racial Ruse. On Blackness and Blackface Comedy in ›fin-de-siècle‹ Germany«, in: »The German Quarterly« 84/4 (2011), S. 457–476.

Wrobel, Dieter: »Vergessene Texte der Moderne wiedergelesen. Oskar Panizza: ›Die Menschenfabrik‹«, in: »Literatur im Unterricht« 22/3 (2021), S. 273–290.

Wrobel, Ignaz [i. e. Kurt Tucholsky]: »Panizza«, in: »Die Weltbühne« 38 (1919), S. 321–325.

Wrobel, Ignaz [i. e. Kurt Tucholsky]: »Oskar Panizza«, in: »Freiheit« (11. Juli 1920).

Wrobel, Ignaz [i. e. Kurt Tucholsky]: »Die genialen Syphilitiker«, in: »Die Weltbühne« 23 (1927), S. 212.

Wurich, Marc: »Der halluzinierte Kaiser. Oskar Panizzas ›Imperjalja‹ (1904–04) zwischen Ideologie und Poetologie«, in: Nicolas Detering, Johannes Franzen und Christopher Meid (Hg.): »Herrschaftserzählungen. Wilhelm II. in der Kulturgeschichte (1888–1933)«, Würzburg 2016, S. 143–165.

Zimmermann, Hans Dieter: »Gegenwelten. Hugo Ball und Oskar Panizza. Rom und Anti-Rom«, in: »Hugo Ball Almanach« 9 (2018), S. 70–87.

Zipes, Jack: »The Operated German as Operated Jew«, in: »New German Critique« 21 (1980), S. 47–61.

Zipes, Jack: »The Operated Jew. Two Tales of Anti-Semitism«, New York 1991.

Manuel Förderer, Germanist; arbeitet als Dozent für politische Bildung am Bundesamt für Familie und zivilgesellschaftliche Aufgaben. Forschungsschwerpunkte: Literatur des 19.–21. Jahrhunderts, insbesondere Literatur der Arbeitswelt, Kriegsliteratur, politische Literatur des 20. Jahrhunderts sowie Literatur und Ökologie. Zuletzt erschien »Vögel aus Federn. Verschriftlichungen des Vogels seit 1800« (Hg. mit Laura M. Reiling und Cristine Huck, 2022).

Gal Hertz, Dr., Germanist und Kulturforscher; leitet die Fakultät für visuelle und materielle Kultur an der Bezalel Academy of Arts and Design Jerusalem. Forschungsschwerpunkte: Verbindungen zwischen Geschichte und Philosophie der Wissenschaft und Kulturwissenschaften, Aufstieg sozialer Disziplinen um 1900 im deutschen Sprachraum wie Kriminologie, Soziologie, Sexologie, Rechtswissenschaft und Psychiatrie, mit Affinität zur Populärkultur, der Entwicklung von Presse und Medien, Theater, Literatur und Kunst. Zuletzt erschienen »Liberal Nomos, National Narrative. Karl Kraus's Critique of Law« (in: »arcadia«, 2019) und »The Nature of Guilt. Myth, Politics and Gay Love in Karl Heinrich Ulrichs« (in: »Schuld. Interdisziplinäre Perspektiven auf ein Konstitutivum des Menschseins«, 2020).

Joela Jacobs, Asst. Prof. Dr., Germanistin; lehrt German Studies an der University of Arizona. Forschungsschwerpunkte: Plant und Animal Studies, Environmental Humanities, German Jewish Studies sowie Sexualitäts- und Wissenschaftsgeschichte. Zuletzt erschienen »Microbium. The Neglected Lives of Micro-Matter« (Hg. mit Agnes Malinowska, 2023) und »Vegetal, Animal, Marginal. The German Literary Grotesque from Panizza to Kafka« (2025).

Tamara Klarić, M.Ed.; wissenschaftliche Mitarbeiterin am SFB 1369 »Vigilanzkulturen« der Ludwig-Maximilians-Universität München. Forschungsinteressen: Sprachlichkeit, Wahrnehmung und Wachsamkeit in Frauenklöstern der Reformationszeit; Literatur des 19. und 20. Jahrhunderts, insbesondere Oskar Panizza und Gottfried Benn. Masterarbeit: »Eine ›Rhetorik der Künstlichkeit und Krankheit‹. Panizzas Erzählbände ›Dämmrungsstücke‹ und ›Visionen‹ zwischen Neoromantik und Krisen der Moderne« (2023).

Bastian Lasse, M.A., Germanist; Doktorand am Germanic Languages and Literatures Department der Harvard University. Forschungsschwerpunkte:

Literatur des 19.–21. Jahrhunderts, insbesondere Realismus und frühe Moderne, kontextuelle Narratologie, Gender Studies und Postcolonial Studies. Zuletzt erschienen »Sten Nadolny und die Kunst der Lebensbeschreibung« (in: »Convivium«, 2021) und »Joseph Roths literarische Grandhotels. Hotel Savoy und Hotelwelt als Nicht-Orte der Gastlichkeit« (in: »Joseph Roth unterwegs in Europa«, 2021).

Elena Meilicke, Dr., Medien- und Kulturwissenschaftlerin; lehrt Medienwissenschaft an der Universität der Künste Berlin. Forschungsschwerpunkte: Medienpathologien, Inszenierungen von Resilienz, Medien und Gender, zeitgenössische Film- und Serienästhetik, Formen des Dokumentarischen sowie Geschichte, Theorie und Praxis der Filmkritik. Zuletzt erschienen »Paranoia und technisches Bild. Fallstudien zu einer Medienpathologie« (2021) und »Paranoia als Migrationsdelirium und Vermittlungswahn um 1900. Zu den Aufzeichnungen von Anton Wenzel Grosz« (in: »Transit«, 2022).

Thomas Röske, PD Dr., Kunsthistoriker; Leiter der Sammlung Prinzhorn am Universitätsklinikum Heidelberg und Präsident der European Outsider Art Association (EOA); unterrichtet Kunstgeschichte an der Universität Heidelberg und der Goethe-Universität Frankfurt am Main. Forschungsschwerpunkte: Kunst des 19. und 20. Jahrhunderts, Klassische Moderne, Kunst und Psychiatrie, *Outsider Art*. Zuletzt erschienen »Lebensrichtigkeit und Symbolation. Heinrich Herrmann Mebes – Das Gesamtwerk« (Hg., 2023) und »›Menschen, die noch hätten leben können‹ – Opfer nationalsozialistischer Verbrechen in der Sammlung Prinzhorn« (Hg. mit Maike Rotzoll, 2023).

Dietmar Schmidt, Prof. Dr., Germanist und Komparatist; unterrichtet Neuere deutsche sowie Allgemeine und vergleichende Literaturwissenschaft an der Universität Erfurt und arbeitet zudem in Berlin als Dramaturg in der freien Theaterszene. Forschungsschwerpunkte: Literatur und Wissen, Repräsentationsformen des Animalischen, Gender Studies, Literatur – Film – Vergessen. Zuletzt erschienen »Satzzeichen. Szenen der Schrift« (Hg. mit Helga Lutz und Nils Plath, 2017) und »Die Adresse des Bären. Kleists Marionettentheater und die Anekdoten der Tierseelenkunde« (in: »Unarten. Kleist und das Gesetz der Gattung«, 2019).

Nike Thurn, Dr., Kultur- und Literaturwissenschaftlerin; Stabsstelle Wissenschaftliches Programm im Präsidium des Deutschen Historischen Museums Berlin. Forschungsschwerpunkte: (Literarischer) Antisemitismus, Passing und Performativität, Dokumentartheater und Reenactment. Zuletzt erschienen »Die Moderne als Opfer. Andersch und Fühmann blicken auf Barlach« (in: »›Aggregate der Gegenwart‹. Entgrenzte Literaturen und Erinnerungskonflike«, 2023) und »Literarischer Antisemitismus in Ausstellungen. Annäherungen an eine Leerstelle« (in: »Diversität und Darstellung. Zugehörigkeit und Ausgrenzung im Literaturmuseum und in der Literaturwissenschaft«, 2023).

Birgit Ziener, Dr., Literaturwissenschaftlerin; Bildungsreferentin in der politischen Erwachsenenbildung. Forschungsschwerpunkte: Otto Julius Bierbaum, Populärkulturen des 19. und 20. Jahrhunderts, Erzählstrategien in Film und Serien, Kulturgeschichte des Paranormalen und der Geister. Zuletzt erschienen »Avantgarde avant la lettre. Strategien literarischer Popularisierung im Werk von Otto Julius Bierbaum« (2022) und »Naturzerstörung und -versöhnung in der Geisterstadt. Zu den Animes von Studio Ghibli« (in: »Tote Städte, Geisterstädte, Städte aus der Retorte«, 2022).

Bisher sind in der Reihe TEXT+KRITIK erschienen:

Günter Grass
(1) 7. Aufl., 138 Seiten

Hans Henny Jahnn
(2/3) vergriffen

Georg Trakl
(4/4a) 4. Aufl., 123 Seiten

Günter Eich
(5) vergriffen

Ingeborg Bachmann
(6) 5. Aufl., 207 Seiten

Andreas Gryphius
(7/8) 2. Aufl., 130 Seiten

Politische Lyrik
(9/9a) 3. Aufl., 111 Seiten

Hermann Hesse
(10/11) 2. Aufl., 132 Seiten

Robert Walser
(12/12a) 4. Aufl., 216 Seiten

Alfred Döblin
(13/14) 3. Aufl., 200 Seiten

Henry James
(15/16) vergriffen

Cesare Pavese
(17) vergriffen

Heinrich Heine
(18/19) 4. Aufl., 203 Seiten

Arno Schmidt
(20/20a) 4. Aufl., 221 Seiten

Robert Musil
(21/22) 3. Aufl., 179 Seiten

Nelly Sachs
(23) 3. Aufl., 126 Seiten

Peter Handke
(24) 6. Aufl., 141 Seiten

Konkrete Poesie I
(25) vergriffen

Lessing contra Goeze
(26/27) vergriffen

Elias Canetti
(28) 4. Aufl., 177 Seiten

Kurt Tucholsky
(29) 3. Aufl., 103 Seiten

Konkrete Poesie II
(30) vergriffen

Walter Benjamin
(31/32) 3. Aufl., 232 Seiten

Heinrich Böll
(33) 3. Aufl., 156 Seiten

Wolfgang Koeppen
(34) 2. Aufl., 112 Seiten

Kurt Schwitters
(35/36) vergriffen

Peter Weiss
(37) vergriffen

Anna Seghers
(38) vergriffen

Georg Lukács
(39/40) 90 Seiten

Martin Walser
(41/42) 3. Aufl., 156 Seiten

Thomas Bernhard
(43) 4. Aufl., 288 Seiten

Gottfried Benn
(44) 3. Aufl., 223 Seiten

Max von der Grün
(45) vergriffen

Christa Wolf
(46) 5. Aufl., 151 Seiten

Max Frisch
(47/48) 4. Aufl., 217 Seiten

H. M. Enzensberger
(49) 3. Aufl., 164 Seiten

Friedrich Dürrenmatt I
(50/51) 3. Aufl., 245 Seiten

Siegfried Lenz
(52) 2. Aufl., 136 Seiten

Paul Celan
(53/54) 3. Aufl., 185 Seiten

Volker Braun
(55) Neuf., 264 Seiten

Friedrich Dürrenmatt II
(56) vergriffen

Franz Xaver Kroetz
(57) vergriffen

Rolf Hochhuth
(58) 67 Seiten

Wolfgang Bauer
(59) 53 Seiten

Franz Mon
(60) 80 Seiten

Alfred Andersch
(61/62) vergriffen

Ital. Neorealismus
(63) vergriffen

Marieluise Fleißer
(64) 95 Seiten

Uwe Johnson
(65/66) 2. Aufl., 212 Seiten

Egon Erwin Kisch
(67) 63 Seiten

Siegfried Kracauer
(68) 90 Seiten

Helmut Heißenbüttel
(69/70) 126 Seiten

Rolf Dieter Brinkmann
(71) 102 Seiten

Hubert Fichte
(72) 118 Seiten

Heiner Müller
(73) 2. Aufl., 214 Seiten

Joh. Christian Günther
(74/75) 142 Seiten

Ernst Weiß
(76) 88 Seiten

Karl Krolow
(77) 95 Seiten

Walter Mehring
(78) 83 Seiten

Lion Feuchtwanger
(79/80) 148 Seiten

Bisher sind in der Reihe TEXT+KRITIK erschienen:

Botho Strauß
(81) 166 Seiten

Erich Arendt
(82/83) 155 Seiten

Friederike Mayröcker
(84) 98 Seiten

Alexander Kluge
(85/86) 155 Seiten

Carl Sternheim
(87) 112 Seiten

Dieter Wellershoff
(88) 116 Seiten

Wolfgang Hildesheimer
(89/90) 141 Seiten

Erich Fried
(91) 2. Aufl., 119 Seiten

Hans/Jean Arp
(92) 119 Seiten

Klaus Mann
(93/94) 141 Seiten

Carl Einstein
(95) vergriffen

Ernst Meister
(96) 98 Seiten

Peter Rühmkorf
(97) 94 Seiten

Herbert Marcuse
(98) 123 Seiten

Jean Améry
(99) 85 Seiten

Über Literaturkritik
(100) 112 Seiten

Sarah Kirsch
(101) 104 Seiten

B. Traven
(102) 100 Seiten

Rainer Werner Fassbinder
(103) 2. Aufl., 153 Seiten

Arnold Zweig
(104) 105 Seiten

Ernst Jünger
(105/106) 167 Seiten

Eckhard Henscheid
(107) vergriffen

**MachtApparatLiteratur.
Literatur und ›Stalinismus‹**
(108) 100 Seiten

Günter Kunert
(109) 95 Seiten

Paul Nizon
(110) 99 Seiten

Christoph Hein
(111) Neuf., 159 Seiten

Brigitte Kronauer
(112) 91 Seiten

**Vom gegenwärtigen Zustand
der deutschen Literatur**
(113) vergriffen

Georg Christoph Lichtenberg
(114) 91 Seiten

Günther Anders
(115) 103 Seiten

Jurek Becker
(116) vergriffen

Elfriede Jelinek
(117) 3. Aufl., 127 Seiten

Karl Philipp Moritz
(118/119) 142 Seiten

**Feinderklärung
Literatur und Staats-
sicherheitsdienst**
(120) 117 Seiten

Arno Holz
(121) 129 Seiten

Else Lasker-Schüler
(122) 102 Seiten

Wolfgang Hilbig
(123) 99 Seiten

Literaten und Krieg
(124) 112 Seiten

Hans Joachim Schädlich
(125) 97 Seiten

Johann Gottfried Seume
(126) 116 Seiten

Günter de Bruyn
(127) 109 Seiten

Gerhard Roth
(128) 102 Seiten

Ernst Jandl
(129) 113 Seiten

Adolph Freiherr Knigge
(130) 107 Seiten

Frank Wedekind
(131/132) 185 Seiten

George Tabori
(133) 106 Seiten

Stefan Schütz
(134) 93 Seiten

Ludwig Harig
(135) 91 Seiten

Robert Gernhardt
(136) 121 Seiten

Peter Waterhouse
(137) 98 Seiten

Arthur Schnitzler
(138/139) 2. Aufl., 201 Seiten

Urs Widmer
(140) 94 Seiten

Hermann Lenz
(141) 104 Seiten

Gerhart Hauptmann
(142) 117 Seiten

Aktualität der Romantik
(143) 100 Seiten

Literatur und Holocaust
(144) 97 Seiten

Tankred Dorst
(145) 99 Seiten

J. M. R. Lenz
(146) 97 Seiten

Bisher sind in der Reihe TEXT+KRITIK erschienen:

Thomas Kling
(147) 122 Seiten

Joachim Ringelnatz
(148) 115 Seiten

Erich Maria Remarque
(149) 104 Seiten

Heimito von Doderer
(150) 113 Seiten

Johann Peter Hebel
(151) 109 Seiten

Digitale Literatur
(152) 137 Seiten

Durs Grünbein
(153) 93 Seiten

Barock
(154) 124 Seiten

Herta Müller
(155) 227 Seiten

Veza Canetti
(156) 111 Seiten

Peter Huchel
(157) 98 Seiten

W. G. Sebald
(158) 119 Seiten

Jürgen Becker
(159) 130 Seiten

Adalbert Stifter
(160) 115 Seiten

Ludwig Hohl
(161) 111 Seiten

Wilhelm Genazino
(162) 108 Seiten

H. G. Adler
(163) 115 Seiten

Marlene Streeruwitz
(164) 92 Seiten

Johannes Bobrowski
(165) 113 Seiten

Hannah Arendt
(166/167) 198 Seiten

Stefan George
(168) 124 Seiten

Walter Kempowski
(169) 107 Seiten

Nicolas Born
(170) 125 Seiten

Junge Lyrik
(171) 119 Seiten

Wilhelm Raabe
(172) 114 Seiten

Benutzte Lyrik
(173) 116 Seiten

Robert Schindel
(174) 100 Seiten

Ilse Aichinger
(175) 117 Seiten

Raoul Schrott
(176) 104 Seiten

Daniel Kehlmann
(177) 91 Seiten

Jeremias Gotthelf
(178/179) 149 Seiten

Juden.Bilder
(180) 126 Seiten

Georges-Arthur Goldschmidt
(181) 94 Seiten

Grete Weil
(182) 115 Seiten

Irmgard Keun
(183) 109 Seiten

Carlfriedrich Claus
(184) 141 Seiten

Hans Jürgen von der Wense
(185) 129 Seiten

Oskar Pastior
(186) 108 Seiten

Helmut Krausser
(187) 117 Seiten

Joseph Zoderer
(188) 100 Seiten

Reinhard Jirgl
(189) 107 Seiten

Rainald Goetz
(190) 117 Seiten

Yoko Tawada
(191/192) 171 Seiten

Ingo Schulze
(193) 100 Seiten

Thomas Brasch
(194) 101 Seiten

Uwe Timm
(195) 95 Seiten

Literatur und Hörbuch
(196) 101 Seiten

Friedrich Christian Delius
(197) 97 Seiten

Gerhard Falkner
(198) 102 Seiten

Peter Kurzeck
(199) 97 Seiten

Hans Fallada
(200) 109 Seiten

Ulrike Draesner
(201) 101 Seiten

Franz Fühmann
(202/203) 179 Seiten

Sibylle Lewitscharoff
(204) 104 Seiten

Ulrich Holbein
(205) 101 Seiten

Ernst Augustin
(206) 98 Seiten

Felicitas Hoppe
(207) 93 Seiten

Angela Krauß
(208) 105 Seiten

Kuno Raeber
(209) 106 Seiten

Jan Wagner
(210) 103 Seiten

Bisher sind in der Reihe TEXT+KRITIK erschienen:

Emine Sevgi Özdamar
(211) 99 Seiten

Christian Dietrich Grabbe
(212) 108 Seiten

Kurt Drawert
(213) 106 Seiten

Elke Erb
(214) 109 Seiten

Wolf Wondratschek
(215) 103 Seiten

Christian Kracht
(216) 104 Seiten

Navid Kermani
(217) 95 Seiten

Marcel Beyer
(218/219) 178 Seiten

Christoph Ransmayr
(220) 91 Seiten

Terézia Mora
(221) 100 Seiten

Michael Lentz
(222) 110 Seiten

Ernst Toller
(223) 123 Seiten

Sven Regener
(224) 95 Seiten

Sibylle Berg
(225) 104 Seiten

Ulrich Peltzer
(226) 99 Seiten

Lukas Bärfuss
(227) 93 Seiten

Gabriele Tergit
(228) 105 Seiten

Thomas Hürlimann
(229) 98 Seiten

Loriot
(230) 96 Seiten

Thomas Meinecke
(231) 105 Seiten

Wolfgang Welt
(232) 103 Seiten

Michael Kleeberg
(233) 102 Seiten

Robert Menasse
(234) 107 Seiten

Vicki Baum
(235) 96 Seiten

Alban Nikolai Herbst
(236) 93 Seiten

Juli Zeh
(237) 109 Seiten

Adolf Endler
(238) 93 Seiten

Mela Hartwig
(239) 89 Seiten

Gerhard Henschel
(240) 100 Seiten

Hans-Ulrich Treichel
(241) 102 Seiten

Natascha Wodin
(242) 95 Seiten

Oskar Panizza
(243) 94 Seiten

Sonderbände

Theodor W. Adorno
2. Aufl., 196 Seiten

Die andere Sprache. Neue
DDR-Literatur der 80er Jahre
258 Seiten

Ansichten und Auskünfte zur
deutschen Literatur nach 1945
189 Seiten

Ins Archiv, fürs Archiv,
aus dem Archiv
194 Seiten

Aufbruch ins 20. Jahrhundert
Über Avantgarden
312 Seiten

Außer der Reihe.
Literatur zur Zeit
117 Seiten

Ingeborg Bachmann
vergriffen

Bestandsaufnahme
Gegenwartsliteratur
vergriffen

Ernst Bloch
305 Seiten

Rudolf Borchardt
276 Seiten

Bertolt Brecht I
2. Aufl., 172 Seiten

Bertolt Brecht II
2. Aufl., 228 Seiten

Georg Büchner I/II
2. Aufl., 479 Seiten

Georg Büchner III
315 Seiten

Comics, Mangas,
Graphic Novels
272 Seiten

DDR-Literatur
der neunziger Jahre
218 Seiten

Digitale Literatur I
137 Seiten

Digitale Literatur II
216 Seiten

Theodor Fontane
3. Aufl., 224 Seiten

Gelesene Literatur
283 Seiten

Johann Wolfgang
von Goethe
363 Seiten

Oskar Maria Graf
224 Seiten

Graphic Novels
330 Seiten

Bisher sind in der Reihe TEXT+KRITIK erschienen:

Grimmelshausen
285 Seiten

Die Gruppe 47
3. Aufl., 353 Seiten

E. T. A. Hoffmann
213 Seiten

Friedrich Hölderlin
295 Seiten

**Homer und die deutsche
Literatur**
303 Seiten

Jean Paul
3. Aufl., 309 Seiten

Franz Kafka
2. Aufl., 359 Seiten

Heinrich von Kleist
2. Aufl., 251 Seiten

Friedrich Gottlieb Klopstock
129 Seiten

Karl Kraus
vergriffen

Kriminalfallgeschichten
237 Seiten

Literarische Kanonbildung
372 Seiten

Literarischer Journalismus
234 Seiten

**Literatur im
öffentlichen Raum**
154 Seiten

**Literatur in der DDR.
Rückblicke**
307 Seiten

Literatur in der Schweiz
262 Seiten

Literatur und Migration
285 Seiten

Lyrik des 20. Jahrhunderts
300 Seiten

Martin Luther
265 Seiten

Heinrich Mann
4. Aufl., 180 Seiten

Thomas Mann
2. Aufl., 265 Seiten

Karl May
299 Seiten

Moses Mendelssohn
204 Seiten

**Österreichische
Gegenwartsliteratur**
326 Seiten

**Poetik des
Gegenwartsromans**
213 Seiten

Pop-Literatur
328 Seiten

Joseph Roth
2. Aufl., 166 Seiten

Friedrich Schiller
171 Seiten

Theater fürs 21. Jahrhundert
238 Seiten

**Versuchte Rekonstruktion –
Die Securitate
und Oskar Pastior**
140 Seiten

Visuelle Poesie
224 Seiten

Zukunft der Literatur
204 Seiten

auch als
eBook

Norbert Otto Eke
etwa 304 Seiten
ISBN 978-3-68930-010-4
September 2024

Irrläufe
Herta Müllers Poetik des Eigen-Sinns

Sprachspiele mehrdeutiger Metaphorisierungen und
Metonymisierungen setzen den Ton, mit dem Herta
Müller von den frühen Erzählungen der »Niederun-
gen« an bis in das jüngere Collagenwerk hinein ihre
Texte ›einstimmt‹ auf das ›innere Orchester‹ der
Lesenden. Eine Monografie zum Werk der Nobel-
preisträgerin.

et+k
edition text+kritik · www.etk-muenchen.de

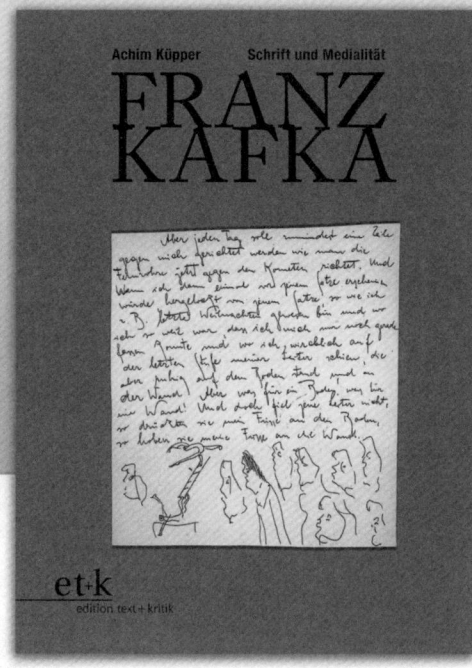

auch als eBook

Achim Küpper
etwa 250 Seiten
ISBN 978-3-68930-002-9
September 2024

Franz Kafka
Schrift und Medialität

Zwischen Schreibprozess und Schriftprodukt entsteht eine Bewegung, indem bereits Bestehendes durch Bezugnahmen auf eigene wie fremde Texte und Medien immer wieder von Neuem um- und weitergeschrieben wird. Diesem Zusammenhang ist das vorliegende Buch gewidmet, das 100 Jahre nach Kafkas Tod die unverminderte Aktualität seines Werks betont.

et+k

edition text + kritik · www.etk-muenchen.de

informationen zur deutschdidaktik
Zeitschrift für den Deutschunterricht
in Wissenschaft und Schule

ide ist die Zeitschrift für den Deutschunterricht. **ide** hält den Dialog zwischen der Praxis in der Schule und didaktischer Forschung aufrecht. **ide** ist das Podium für den ständigen Erfahrungsaustausch zwischen Deutschlehrer:innen in der Praxis. **ide** öffnet Klassenzimmer und Konferenzräume: Informationen und Kommunikation über Praxis und Projekte, über Erfahrungen, Reaktionen, über Wünsche und Horizonte. Für alle Schultypen. Für alle Schulstufen.
ide – informationen zur deutschdidaktik erscheint viermal im Jahr.

Die Themen 2024:
1/2024   Literaturgeschichte vernetzt
2/2024   Künstliche Intelligenz
3/2024   Dialekt und innere Mehrspachigkeit
4/2024   Friedensbildung und Deutschunterricht

Bestellung mit Angaben zu Liefer- und Rechnungsadresse (inkl. Name, Straße, PLZ, Ort, Land, E-Mail und Tel.) bitte per Mail oder Fax an:
E-Mail: aboservice@studienverlag.at, Fax: 0512/395045-15

Literaturgeschichte vernetzt
Neue Wege zu alten Texten
Herausgegeben von Matthias Pauldrach & Johannes Odendahl
132 Seiten | € 28,20
ISSN 0721-9954
auch als E-book erhältlich

Angesichts von Textsortenorientierung und allgemeinem Zeitdruck bedarf der literaturgeschichtliche Unterricht einer neuen Legitimation: Wie lässt sich Literaturgeschichte in heterogenen Klassen, in einer globalisierten Mediengesellschaft neu denken und unterrichten? In diesem Heft sollen einerseits empirische Daten zu literaturhistorischen Lernprozessen vorgestellt sowie andererseits die Frage erörtert werden, wie sich literaturhistorisches Lernen zeitgemäß modellieren und ob es sich gar messen lässt. Zum anderen werden innovative Zugänge zur Literaturgeschichte gesucht: aus postkolonialer Perspektive, mittels fiktionaler Literatur oder künstlicher Intelligenz.